KB190611

하나님의 뜻을 아는 길

하나님의 뜻을 아는 길

삶의 갈림길마다 묻게 되는

하나님의 뜻,

어떻게 분별할 것인가?

야곱

비아토르

이 세상도, 그 정욕도 지나가되

오직 하나님의 뜻을 행하는 자는 영원히 거하느니라.

The world and its desires pass away,

but the man who does the will of God lives forever.

요한일서 2:17

일러두기

• 이 책은 2021년 2월부터 2022년 3월까지 월간 〈복음과상황〉에 연재했던 원고를 토대로 하고 있습니다. 각 장의 구조와 흐름은 연재물의 내용을 그대로 따랐지만, 독자의 이해를 돕기 위해 미주를 넣고 주장점·표현·용어 등 여러 부분을 수정했습니다. 연재를 제안하고 가이드해 준 옥명호 선생(당시 〈복음과상황〉 편집장)과, 연재하는 동안 머리를 맞대 준 이범진 편집장, 강동석 기자께 감사를 드립니다.

•• 본문에 인용한 성경 구절은 대한성서공회에서 펴낸 개역개정판을 따랐습니다. 다른 번역본을 인용한 경우 따로 표기하였습니다.

차례

왜 하나님의 뜻을 알아야 하는가?

아버지 하나님과 그분의 뜻

만일 우리가 아버지 되신 하나님을 진심으로 공경한다면, 하나님께서 우리에게 원하시는 바가 무엇일지 궁금해하고 알고자 애쓸 것입니다(마 6:9-10, 7:21, 11:26, 12:50, 26:39, 42). 그것이 우리가 하나님의 뜻에 착념하는 가장 근본적인 이유입니다. 하나님을 공경한다 하면서 하나님의 뜻이 무엇인지 관심을 쏟지 않는다면, 그 공경은 헛된 것일 수도 있습니다.

대체로 하나님의 자녀들은 늘 자신을 향한 아버지 하나님의 뜻이 무엇인지 질문하기를 쉬지 않습니다. 넓게는 내 생애 전체를 향한 하나님의 뜻은 무엇인가에서 시작하여 좁게는 내년도 사업장 운영에 대한 하나님의 뜻은 무엇인가에 이르기까지, 우리의 탐구는 끊이지 않습니다.

사실 성경은 우리가 하나님의 뜻이 무엇인지 찾도록 여러 방면으로 주의를 환기시킵니다. 구체적인 예를 들자면, 천국에 들어가는 자격이나(마 7:21), 역동적이고 성숙한 그리스도인의 삶을 사는 데나(롬 12:2; 엡 5:17; 골 1:9; 살전 4:3, 5:16-18; 벧전 3:17), 또 사역의 수행에서나(행 18:21, 21:14; 롬 1:10) 하나님의 뜻이 최고의 관심사로 부각되어 있습니다.

어언 50년의 세월을 그리스도인으로서 살아온 저 자신 역시 누군가가 경건생활의 핵심이 무엇이냐고 묻는다면, 예수님의 말씀(요 4:34)을 빌려 '하나님께서 제게 무엇을 원하시는지 발견하고 그 뜻을 행하는 것'이라고 답하겠습니다. 왜냐하면 이것이야말로 아버지 하나님을 공경하는 굳건한 표시가 될 것이기 때문입니다.

하나님의 인도와 우리의 결정

우리는 하나님을 우리의 아버지로서만이 아니고 우리

의 인도자로서도 공경합니다. 그분은 이스라엘 백성을 가나안 땅으로 인도하시고(출 13:11), 또 마땅히 행할 길, 곧 의의 길로 인도하셨습니다(사 48:17; 시 23:3). 어린양이신 예수 그리스도께서도 목자로서 우리를 인도하십니다(요 10:3, 16; 계 7:17, 14:4).

그러면 하나님께서 앞서 행하시며 인도하시니까 우리는 그저 이성 없는 짐승이나 기계처럼 수동적으로 있으면 될까요? 아닙니다. 이것은 결코 인도자 되시는 하나님을 공경하는 모습이 아닙니다. 오히려 우리 편에서는 인도하시는 하나님을 뒤좇기 위해 지속적으로 지혜로운 결정을 내려야 합니다. 이것은 우리에게 허락된 여러 방편들—하나님의 말씀, 기도, 이성적 판단, 사람들의 의견, 환경적 조건들—을 활용하여 가장 타당하다고 여겨지는 선택과 결정을 시도해야 한다는 말입니다.

하나님의 인도가 인간 편에서의 판단 및 결정을 배제하지 않음은 바울의 경우에 역력히 드러납니다. 바울의 복음 사역이 소아시아 지방에만 국한되지 않고 유럽으로 뻗어 나가기를 원하신 하나님께서는, 드로아에서 바울에게 소위 마게도냐 환상을 보여 주십니다(행 16:8-9). 그런데 하나님께서 환상을 통해 바울을 인도하셨지만, 그 환상의 내용을 해석하고 마게도냐행을 최종적으로 결정한 것은 바울 자신이었습니다(행 16:10). 이처럼 하나님의 인도가 완결되는 데에는 인간의 결정이 포함되는 것을 알 수 있습니다.

저 역시, 그리스도인으로서 보낸 50년의 삶이 하나님의 인도에 의한 것임을 마음 중심으로부터 고백하게 됩니다. 그러나 그런 하나님의 인도가 내 편에서의 수많은 결정 없이 이루어진 것은 아니었습니다. 진로의 사안[대학 졸업 이후의 행보, 선교 단체에서의 사역, 유학의 문제, 전공과 학교의 선택 등]에서나 결혼의 문제[이성에 대한 끌림, 데이트 신청, 만남과 헤어짐, 자신 및 상대방 평가, 식구들의 반응 등]에서나, 어느 것 하나도 하나님의 인도 없이 이루어진 바는 없었지만, 동시에 최선의 결정을 내리기 위한 저의 고뇌와 궁리의 노력 또한 배제된 적이 없었습니다. 우리가 인도자로서의 하나님을 공경한다면, 마땅히 가장 합리적이고 현명한 결정을 내리도록 우리 편에서도 힘을 써야 합니다.

신앙 유산을 계승하는 심정으로

하나님의 뜻과 하나님의 인도하심에 관한 저의 배움은 근본적으로 성경의 교훈에 힘입었지만, 믿음의 선배들의 공도 무시할 수 없습니다. 처음 그리스도인이 되고 나서 얼마 있지 않아 폴 리틀이 쓴 소책자《하나님의 뜻을 알려면*Affirming the Will of God*》을 접한 이래, 저는 하나님의 뜻(혹은 하나님의 인도)에 관한 여러 권의 책을 읽고 도움을 받았습니다. 또 한국에 와 있던 선교사들이 그들의 강의 주제에 하나님의 뜻/인도를 빠뜨리지 않는 것을 목도했고, 그런 강의를 들으면서 신앙의 유익을 얻었습니다. 저 자신의 신앙 형성을 되돌아보며 그들의 수고에 감사의 마음을 품습니다.

이제 저는 칠십 줄에 접어든 '노땅'이 되었습니다. 철이 들어서 그런지 제가 물려받은 복음주의적 신앙 유산을 다음 세대에 인계해야 하지 않겠느냐는 자성의 소리가 귀에 쟁쟁합니다. (최근 꼰대들의 실없는 잔소리가 워낙 큰 역반응을 일으킨 터라 조심스럽기는 합니다만.)

나이가 들어서지만 이렇게 하나님의 뜻에 관한 글을 쓰는 이유는, 이 주제에 관한 경건 서적이 주로 서양인에 의해 다루어졌다는 점 때문입니다. 물론 우리나라 작가들이 쓴 하나님의 뜻에 관한 책이 있기는 하지만, 좀 더 체계적이고 포괄적인 내용을 담고 싶었습니다. 저 역시 하나님의 뜻에 관한 모든 세부 사항을 다 언급하거나 다룰 수는 없습니다. 그렇지만 최소한 가장 근본적이고 본질적인 내용만큼은 개진해 보고자 노력했습니다. 이 책이 바통이 되어 하나님의 뜻/인도에 대한 더욱 훌륭한 내용의 경건 서적이, 이후 세대의 일꾼들에 의해 탄생하기를 기대합니다.

늘 그렇듯이 아내 김영아는 제가 손으로 쓴 글을 어김없이 입력해 주었습니다. 아내의 수고와 기도 그리고 가끔씩 하는 잔소리(?)가 이 책의 탄생에 여러모로 기여했음을 기쁨으로 알립니다.

2022년 11월
책집에서 송인규

하나님의 뜻을 아는 길

하나님의 뜻이란
무엇인가? _____

배경적 설명

하나님의 뜻

   그리스도인이 하나님의 뜻에 관심을 갖는 것은 당연한 일이라서 그에 대한 근거나 이유 제시는 한낱 사족에 지나지 않을 것입니다. 하나님께 '뜻'이라는 단어를 연관시키는 것은 하나님께서 우리와 비슷하게 '의지'를 가지고 계시다고 전제하기 때문입니다. (물론 하나님의 의지는 우리의 의지와 달리 피조적 한계를 초월하며 완벽합니다.) 하나님은 이 의지로써 '의도'나 '원願/소원'을 형성하시고, 결의·작정·

16

실행 등 다각도로 활동을 펼치십니다.

머리말에서도 언급했듯이 '하나님께 뜻이 있으시다'는 것은 성경이 명확히 증언해 줍니다.

시 115:3 오직 우리 하나님은 하늘에 계셔서 **원하시는** 모든 **것을 행하셨나이다.**

단 4:35 땅의 모든 사람들을 없는 것같이 여기시며 하늘의 군대에게든지 땅의 사람에게든지 그는 **자기 뜻대로 행하시나니** 그의 손을 금하든지 혹시 이르기를 네가 무엇을 하느냐고 할 자가 아무도 없도다.

마 11:27 내 아버지께서 모든 것을 내게 주셨으니 아버지 외에는 아들을 아는 자가 없고 아들과 또 **아들의 소원**[will]대로 계시를 받는 자 외에는 아버지를 아는 자가 없느니라.

행 18:21 작별하여 이르되, "만일 **하나님의 뜻**이면 너희에게 돌아오리라" 하고….

엡 1:11 모든 일을 **그의 뜻의 결정대로 일하시는** 이의 계획을 따라 우리가 예정을 입어 그 안에서 기업이 되었으니

이렇게 하나님께 뜻이 있으시기 때문에 우리에게는 두 가지 책임이 뒤따릅니다. 하나는 하나님의 뜻을 '아는 일/파악하는 일'입니다.

롬 12:2 너희는 이 세대를 본받지 말고 오직 마음을 새롭게 함으로 변화를 받아 **하나님의 선하시고 기뻐하시고 온전하신 뜻이 무엇인지 분별하도록 하라.**

엡 5:17 그러므로 어리석은 자가 되지 말고 오직 **주의 뜻이 무엇인가 이해하라.**

그러나 하나님의 뜻을 아는 것만으로는 충분하지 않습니다. 아는 데서 그치지 말고 하나님의 뜻을 행하는 데까지 나아가야 합니다.

시 40:8 나의 하나님이여! 내가 **주의 뜻 행하기를** 즐기오니 주의 법이 나의 심중에 있나이다….

엡 6:6 눈가림만 하여 사람을 기쁘게 하는 자처럼 하지 말고 그리스도의 종들처럼 마음으로 **하나님의 뜻을 행하고**

요일 2:17 이 세상도, 그 정욕도 지나가되 오직 **하나님의 뜻을 행하는** 자는 영원히 거하느니라.

하나님의 인도

하나님의 뜻과 연관하여 떠올리지 않을 수 없는 또 다른 성경의 가르침은 '하나님의 인도'입니다. 성경은 하나님의 뜻을 행하는 것과 하나님의 인도를 받는 것이 함께 맞물려 있음을 강하게 시사합니다.

> **시 143:10** 주는 나의 하나님이시니 나를 가르쳐 **주의 뜻을 행하게** 하소서. 주의 영은 선하시니 나를 공평한 땅에 **인도하소서.**
>
> **사 48:17** 너희의 구속자시요 이스라엘의 거룩하신 이이신 여호와께서 이르시되 나는 네게 유익하도록 **가르치고** 너를 **마땅히 행할 길로 인도하는** 네 하나님 여호와라.

'인도'는 '목적하는 지점이나 상태에 이르도록 가르치고 이끌어 주는 활동'입니다. 하나님께서는 어떤 대상을 특정한 장소["가나안 사람의 땅"-출 13:11]나 목표하는 상태["의의 길"-시 23:3]로 인도하십니다. 이런 점에서 하나님은 단연코 '인도의 하나님'이십니다.

> **신 32:12** **여호와께서 홀로 그를 인도하셨고** 함께한 다른 신이 없었도다.
>
> **시 48:14** 이 하나님은 영원히 우리 하나님이시니 **그가 우리를 죽을 때까지 인도하시리로다.**

하나님의 뜻과 하나님의 인도

그러면 하나님의 뜻과 하나님의 인도는 어떻게 연관이 될까요? 하나님의 뜻은 아는 것뿐 아니라 행함에 궁극적인 목표가 있다고 밝혔습니다. 그런데 하나님의 뜻을 행하는 일은 우리가 처한 생활 상황―인간관계, 가족과 가정, 교회생활, 사회활동 등―가운데 이루어집니다. 우리가 직면하는 생활 상황은 매 순간 우리에게서 최선의 판단과 결정을 요구합니다. 그래야만 우리의 실생활이 보람되고 효율성 있게 영위되기 때문입니다.

바로 여기에서 하나님의 인도가 중요한 사안으로 등장합니다. 우리가 순간순간 최선의 판단과 결정을 내리는 일은 하나님의 인도―그분의 이끄심과 지도―가 없이는 불가능합니다. 이상의 내용을 도표로 정리하면 다음(21쪽 표)과 같습니다.

하나님의 뜻을 행하는 일은 우리의 생활 상황과 긴밀히 연관이 되고, 이것을 제대로 수행하려면 우리의 판단과 결정이 최대로 지혜로워야 합니다. 하나님께서는 우리를 인도하셔서 그런 지혜를 발휘하게 도우십니다. 하나님의 뜻은 앎과 행함[행함의 영역]으로 설명이 되고, 하나님의 인도는 생활 상황 속에서의 판단과 결정에 필수불가결합

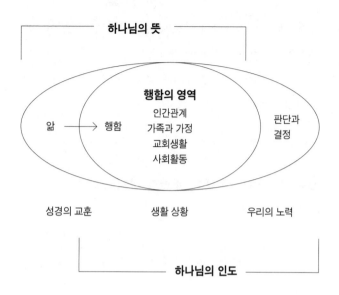

니다. 그렇다면 하나님의 뜻과 하나님의 인도는 우리의 '생활 상황'을 공통 (및 중첩) 요소로 가지고 있다고 하겠습니다.

그런데 이 글에서는 '하나님의 뜻을 아는 것'과 '하나님의 인도를 받는 것'을 호환 가능한 사안으로 다루고자 합니다. 비록 이 두 가지가 개념 및 강조점에서 차이가 있지만, 그리스도인의 성숙이라는 관점에서 볼 때에는 같은 주제/사안으로 보아도 무방하기 때문입니다. 단지

내용 전개상 '하나님의 인도'보다는 '하나님의 뜻'이라는
용어를 더 빈번히 사용할 생각입니다. 그러나 '하나님의
인도'가 적합할 경우에는 주저 없이 이 어구를 사용할 것
입니다.

보편적 하나님의 뜻과 개별적 하나님의 뜻

기독교 지도자들은 전통적으로 성경의 교훈과 기독교
적 성찰에 근거하여 하나님의 뜻을 두 가지로 구별해 왔
습니다.[1]

보편적 하나님의 뜻

'보편적 하나님의 뜻 general will of God'은 모든 그리스도인
들에게 똑같이 보편적으로 해당되는 내용을 가지고 있습
니다. 보편적 하나님의 뜻에 대한 성경적 증거는 다음과
같습니다.

> 살전 4:3 **하나님의 뜻**은 이것이니 **너희의 거룩함**이라. 곧 음란
> 을 버리고

살전 5:16-18 **항상 기뻐하라. 쉬지 말고 기도하라. 범사에 감사하라.** 이것이 그리스도 예수 안에서 **너희를 향하신 하나님의 뜻**이니라.

위의 내용을 보편적 하나님의 뜻으로 보는 이유는 이 권면들이 그리스도인이라면 누구에게나 보편적으로 적용되기 때문입니다. 거룩해야 하는 것은 너나없이 모든 그리스도인에게 해당되는 하나님의 바람입니다. 이것은 '항상 기뻐함', '쉬지 말고 기도함', '범사에 감사함'의 경우에도 마찬가지입니다.

보편적 하나님의 뜻은 한편 '도덕적 하나님의 뜻moral will of God'이라고도 합니다. 그것은 보편적 하나님의 뜻이 그 내용 면에서 대부분 도덕적/윤리적 권면을 담고 있기 때문입니다. 보편적/도덕적 하나님의 뜻은 도덕적 존재로서의 인간에게 바라시는 소원으로서 하나님께서 부과하시는 훈령precepts과 의무 조항에 명시되어 있는데, 십계명이 그 대표적 예입니다. 이런 의미의 하나님의 뜻은 성경에 명령·약속·모범·예시 등의 형태로 제시되어 있기 때문에, 우리가 얼마든지 그 내용을 알 수 있는 하나님 뜻입니다.

개별적 하나님의 뜻

'개별적 하나님의 뜻specific will of God'은 어구가 표명하듯 그리스도인 개개인에 따라 그 내용이 달라지는 하나님의 뜻을 가리킵니다. 성경은 이런 의미의 하나님의 뜻에 대해서도 언급과 예시를 하고 있습니다.

> **눅 22:42** 이르시되, "아버지여, 만일 **아버지의 뜻**이거든 이 잔을 내게서 옮기시옵소서. 그러나 내 원대로 마시옵고 **아버지의 원**대로 되기를 원하나이다" 하시니
>
> **행 21:13-14** 바울이 대답하되, "여러분이 어찌하여 울어 내 마음을 상하게 하느냐? 나는 주 예수의 이름을 위하여 결박당할 뿐 아니라 예루살렘에서 죽을 것도 각오하였노라" 하니 그가 권함을 받지 아니하므로 우리가 "**주의 뜻**대로 이루어지이다" 하고 그쳤노라.

예수께서 겟세마네 동산에서 하신 기도의 내용은 대속의 사명을 온전히 감당하려는 비장한 결의에 대한 것입니다. 인간의 대속을 위해 진노의 잔을 기꺼이 받아 마시는 것은 예수 그리스도 특정 개인에 대한 하나님의 뜻이었습니다. 이 뜻은 다른 누구에게도 해당되지 않습니다. 바울

사도가 측근 인물들의 만류에도 불구하고 예루살렘행을 고집하자 모든 이들은 바울이라는 특정인에 대한 하나님의 뜻이 이루어지기를 기원했습니다. 이처럼 개별적 하나님의 뜻은 하나님의 뜻이 적용되는 개개인마다 그 내용이 달라집니다.

그리스도인에 대한 개별적 하나님의 뜻은 인생의 계획이나 미래의 사태를 염두에 둘 때 그 중요성이 더욱 크게 부각됩니다. 예를 들어, 내가 장차 누구와 결혼을 할지, 어떤 직장에 근무할지, 어떤 교회에 출석할지, 살 집을 어디에서 찾아야 할지 등이 모두 개별적 하나님의 뜻에 해당이 됩니다. 이처럼 개별적 하나님의 뜻은 우리의 실생활과 긴밀히 연관이 되므로 '실제적 하나님의 뜻practical will of God'이라고도 칭할 수 있겠습니다. 그런데 우리 각 개인에 대한 개별적 하나님의 뜻은 성경에 명시되어 있지 않기 때문에, 하나님이 허락하신 바 몇 가지 수단을 활용하여 우리 스스로 파악하는 수밖에 없습니다.

그렇다면 무엇이 이런 수단에 포함될까요? 이에 대해서는 다양한 의견이 제시되고 있지만, 여기서는 다섯 가지 사항을 거론하고자 합니다.

1. **성경의 구절**: 우리는 정해진 (혹은 느닷없이 제시되는) 성

경의 구절을 통해서도 하나님의 인도를 받습니다. 특히 처신하기 힘든 상황이나 소신껏 결정 내리기가 곤란한 사태에 직면했다가 그런 경험을 하는 수가 있습니다. (심지어 어떤 경우에는 해당 성구가 성경의 전후 문맥과 상관없이 언급되기도 합니다.) 어쨌든 이런 모든 경우로 말미암아 우리는 성경의 구절이 하나님의 뜻을 분별하는 데 모종의 역할을 한다고 판정하게 됩니다.

2. **기도 중 확신**: 개별적 하나님의 뜻을 찾기 위하여 우리가 하나님께 기도할 때, 우리의 심령은 다양한 형태의 기분, 감정, 정서 등으로 가득합니다. 때로는 평안과 기쁨이 주도적인가 하면, 때로는 불편함과 께름칙한 느낌이 들기도 합니다. 이런 것들도 하나님 인도의 수단이 될 수 있습니다.

3. **자기 평가**: 우리의 욕구·희망·소원, 우리의 적성·능력·은사, 지금까지 밟은 경력·전공·실무 훈련, 자라난 배경·인생 경험 등도 사실적이고 객관적으로 평가를 받는다면, 하나님의 뜻을 분별하고 하나님의 인도를 경험하는 데 얼마든지 중요한 방편으로 작용할 수 있습니다.

4. **상담과 조언**: 우리는 하나님의 개별적 뜻을 찾는 데에 [예를 들어, 결혼과 직장의 경우], 성숙하고 지혜로우며 경험이 많은 이들의 도움을 필요로 합니다. 이들과 상담하고

이들의 조언을 신중하게 참고할 때, 하나님의 인도하시는 손길을 체험할 수 있습니다.

5. **환경의 문**: 하나님께서는 우리가 겪는 상황 가운데 문을 열기도 하고 닫기도 함으로써 우리가 지향해야 할 길로 인도하십니다. 삶의 모든 정황을 다스리고 이끄시는 주권적 하나님이신지라 이런 식의 섭리적 역사를 통해 자기 자녀들을 인도하십니다.

두 종류의 하나님 뜻과 우위성

그러면 그리스도인 개인으로서는 '보편적/도덕적 하나님의 뜻'과 '개별적/실제적 하나님의 뜻' 가운데 어느 쪽을 더 중시해야 할까요? 이에 대한 답변은, 이 질문을 어떤 각도에서 하느냐에 따라 달라질 것입니다. 만일 그리스도인의 삶을 구원론적 과정이라는 측면에서 본다면, 단연코 도덕적 하나님의 뜻이 우선적이라 할 수 있습니다. 그리스도인의 삶은 그 목표가 그리스도를 닮는 데 있고, 도덕적 하나님의 뜻이야말로 그리스도를 닮는 일로 집약되기 때문입니다.

그러나 만일 그리스도인의 삶을 일상생활의 총화로 이해한다면, 개별적 하나님의 뜻이 훨씬 더 중요한 사안으로 부각될 것입니다. 왜냐하면 우리는 일상적 삶을 살면서 수없이 많은 결정을 내려야 하고, 그런 결정을 지혜롭고 확신 있게 내리려면 개별적 하나님의 뜻을 알아야만 하기 때문입니다.

하지만 실제로는 이 두 가지 하나님의 뜻 가운데 어느 쪽에 우선순위를 부여해야 하는지의 문제가 심각한 형태로는 발생하지 않습니다. 이 두 가지 하나님의 뜻이 개념 상으로는 구별이 되지만 하나님의 뜻을 찾는 이의 심령에서는 함께 통합적으로 작용하기 때문입니다. 개별적 하나님의 뜻을 온전히 찾으려면, 도덕적 하나님의 뜻이 그 탐색자의 마음과 의식을 지배하고 있어야 합니다. 또 어떤 이가 도덕적 하나님의 뜻을 구현하고자 애쓰고 있다면, 그것은 결코 삶의 공백 가운데 일어나는 것이 아니고 일상적 삶의 수많은 결정 행위 속에서 이루어지기 때문입니다. 이렇듯 두 가지 하나님의 뜻은 함께 통합적으로 작용하기 마련이므로, 둘 사이에 배타적 우위성을 결정해야 하는 일은 발생하지 않는다고 볼 수 있습니다. 따라서 그리스도인에게는 이 두 가지 하나님의 뜻 모두가 중요합니다.

보편적/도덕적
하나님의 뜻 ————————

앞에서 저는 하나님의 뜻에 두 종류가 있다고 말했습니다. 하나는 '보편적 하나님의 뜻'으로서, 모든 그리스도인에게 똑같이 보편적으로 적용되는 하나님의 뜻입니다. 또하나는 '개별적 하나님의 뜻'인데, 이는 그리스도인 개개인에 따라 내용이 달라지는 하나님의 뜻입니다.

그런데 전자, 곧 보편적 하나님의 뜻은 **도덕적 하나님의 뜻**'이라 일컫기도 합니다. 그것은 보편적 하나님의 뜻이주로 도덕적/윤리적 성격의 내용을 담고 있기 때문입니다. 이 장에서는 대체로 '도덕적 하나님의 뜻'이라고 표기하겠습니다.

우리를 향한 도덕적 하나님의 뜻

'하나님의 뜻'이라고 명시된 구절들

도덕적 하나님의 뜻이 어떤 내용인지는 다음의 성구들에 명시되어 있습니다.

> **엡 5:17-18** 그러므로 어리석은 자가 되지 말고 오직 **주의 뜻**이 무엇인가 이해하라. 술 취하지 말라. 이는 방탕한 것이니 오직 **성령으로 충만함을 받으라.**

> **살전 4:3** **하나님의 뜻**은 이것이니 **너희의 거룩함**이라. 곧 음란을 버리고

> **살전 5:16-18** **항상 기뻐하라. 쉬지 말고 기도하라. 범사에 감사하라.** 이것이 그리스도 예수 안에서 너희를 향하신 **하나님의 뜻**이니라.

> **벧전 2:15** 곧 **선행으로 어리석은 사람들의 무식한 말을 막으시는 것이[하나님의 뜻]**이라. [개역개정판에는 어쩐 일인지 원문에 있는 "하나님의 뜻"이라는 어구가 빠져 있습니다.]

이상의 내용에 의거할 때, 하나님께서는 우리 그리스도인들 모두가 '성령으로 충만하기를, 거룩하기를, 항상 기

뻐하고 쉬지 말고 기도하며 범사에 감사하기를, 또 선행
으로 어리석은 사람들의 무식한 말을 막기를' 원하신다고
할 수 있습니다.

도덕적 하나님의 뜻으로 볼 수 있는 내용들

도덕적 하나님의 뜻이 무엇인지 알 수 있게 해 주는 것
은, 비단 위의 구절들과 같이 "하나님의 뜻"이라는 명확한
표현이 등장하는 곳만이 아닙니다. 상당히 많은 경우 도
덕적 뜻은 "~하라" 혹은 "~하지 말라"는 명령 형태의 지
시문 가운데 표명됩니다. 그렇다면 십계명 같은 내용(출
20:3-17; 신 5:7-21)이 여실히 도덕적 하나님의 뜻을 반영
한다고 하겠습니다.

- 나 외에는 다른 신들을 네게 두지 말라(출 20:3; 신 5:7).
- 너를 위하여 새긴 우상을 만들지 말고, … 그것들에게 절
  하지 말며, 그것들을 섬기지 말라(출 20:4-5; 신 5:8-9).
- 네 하나님 여호와의 이름을 망령되게 부르지 말라(출
  20:7; 신 5:11).
- 안식일을 기억하여 거룩하게 지키라(출 20:8; 신 5:12).
- 네 부모를 공경하라(출 20:12; 신 5:16).

- 살인하지 말라(출 20:13; 신 5:17).

- 간음하지 말라(출 20:14; 신 5:18).

- 도둑질하지 말라(출 20:15; 신 5:19).

- 네 이웃에 대하여 거짓 증거하지 말라(출 20:16; 신 5:20).

- 네 이웃의 집[아내]을 탐내지 말라(출 20:17; 신 5:21).

또 복이나 약속의 형태를 띠는 교훈의 경우에도 도덕적 하나님의 뜻이 나타납니다. 대표적인 예로서 산상수훈 가운데 팔복(마 5:3-12)을 들 수 있습니다.

- 심령이 가난해야 한다(마 5:3).

- 애통해야 한다(마 5:4).

- 온유해야 한다(마 5:5).

- 의에 주리고 목말라야 한다(마 5:6).

- 긍휼히 여겨야 한다(마 5:7).

- 마음이 청결해야 한다(마 5:8).

- 화평하게 해야 한다(마 5:9).

- 의를 위하여 박해를 받아야 한다(마 5:10-12).

이외에도 바울의 간구 내용 또한 도덕적 하나님의 뜻으

로 볼 수 있습니다. 예를 들어, 빌립보서(1:9-11)만 보더라도 다음과 같은 사항이 등장합니다.

- 사랑이 지식과 모든 총명으로 점점 더 풍성하게 되는 것 (빌 1:9).
- 지극히 선한 것을 분별하는 것(빌 1:10).
- 진실하여 허물 없이 그리스도의 날까지 이르는 것(빌 1:10).
- 예수 그리스도로 말미암아 의의 열매가 가득하여 하나님의 영광과 찬송이 되는 것(빌 1:11).

끝으로 공동체의 삶을 설명하며 "서로서로 ~하라"는 권면에도 도덕적 하나님의 뜻이 담겨 있습니다.

- 서로 우애하고 존경하라(롬 12:10).
- 서로 종 노릇 하라(갈 5:13).
- 서로 친절하게 하며 불쌍히 여기며 서로 용서하라(엡 4:32).
- 서로 용납하여 피차 용서하라(골 3:13).
- 서로 돌아보아 사랑과 선행을 격려하라(히 10:24).
- 마음으로 뜨겁게 서로 사랑하라(벧전 1:22).

- 서로 대접하기를 원망 없이 하라(벧전 4:9).

- 우리도 서로 사랑하는 것이 마땅하다(요일 4:11).

도덕적 하나님의 뜻: 구약에서 신약까지

도덕적 하나님의 뜻의 발전

이 시점에서 우리는 도덕적 하나님의 뜻이 어떤 과정을 거쳐 현재의 다양한 내용으로 발전하였는지 살펴보는 것이 필요합니다. 이 과정을 도식화하면 다음(36-37쪽 표)과 같습니다.

발전 과정에 대한 설명

구약 시대: 율법의 시여

하나님께서는 출애굽한 이스라엘 백성과 더불어 시내산에서 언약을 맺습니다(출 19:3-6, 24:3-8). 이제 애굽의 압제로부터 구속받은 이스라엘 백성은 언약의 파트너가 되어, 하나님께서 수여한 율례를 준행하겠다고 서약합니다(출 24:3). 이 율례는 십계명을 기반으로 하되(출 20:3-

구약 시대

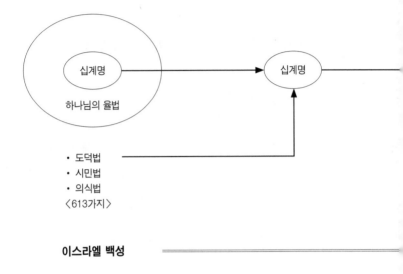

17) 여타의 명령과 법규도 포함합니다(출 20:22-23:33). 하
나님께서 베푸시는 율법은 여기에 그치지 않고 출애굽기
나머지 부분과 레위기·민수기·신명기에서 반복되거나 새
로이 추가됩니다.

전문가들에 의하면, 모세 오경에 등장하는 율법은 모두

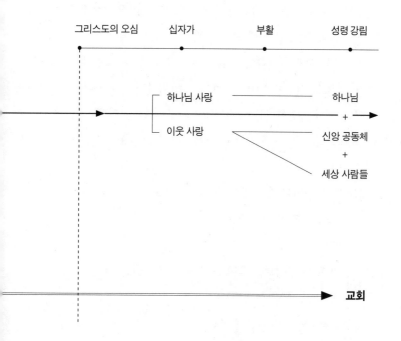

그런데 기독교 초기부터 이 613가지 율법을 어떻게 나눌 것인지 논의가 있었습니다. 중세의 토마스 아퀴나스[2]나

613개 조항이라고 합니다. 이 가운데 "~하라"는 긍정적 계명이 248가지이고, "~하지 말라"는 부정적 계명이 365가지인 것으로 알려져 있습니다.[1]

그런데 기독교 초기부터 이 613가지 율법을 어떻게 나눌 것인지 논의가 있었습니다. 중세의 토마스 아퀴나스[2]나

종교개혁자 칼뱅[3]은 율법을 도덕법moral law, 재판법judicial law, 의식법ceremonial law, 이 세 가지로 나누었습니다. 오늘날에는 보통 '도덕법', '시민법civil law', '의식법'이라는 명칭으로 알려져 있습니다.[4] 의식법은 짐승 제사나 위생, 음식 등에 관한 것으로 지금은 더 이상 효력을 발휘하지 못합니다. 시민법 역시 특정한 시대 특정한 장소에서의 이스라엘 민족에 대한 것이므로 오늘날 자구적字句的으로 적용하기는 힘듭니다.

그러나 도덕법의 경우는 사정이 전혀 다릅니다. 도덕법은 영구적 효력을 갖는 법 조항으로, 바로 십계명이 여기에 속합니다. 그러므로 십계명의 각 항목들은 오늘날에도 도덕적 하나님의 뜻을 구성하는 중요한 내용이 되고 있습니다.

예수 그리스도 당시: 가장 큰 계명

예수님 당시 율법학자들 사이에서 논의된 이슈 중에 하나는 613가지 율법 가운데 어느 것이 가장 큰가 하는 문제였습니다. 어차피 모든 율법을 다 지킬 수 없다면, 그중에서 가장 중요한 조항에 신경을 쓰는 것이 현명한 처사였기 때문일 것입니다. 한 율법사가 어느 계명이 크냐고 물었을 때, 예수께서는 다음과 같이 답하셨습니다.

마 22:37-40 예수께서 이르시되, "'네 마음을 다하고 목숨을 다하고 뜻을 다하여 주 너의 하나님을 사랑하라' 하셨으니 이것이 크고 첫째 되는 계명이요 둘째도 그와 같으니 '네 이웃을 네 자신같이 사랑하라' 하셨으니 이 두 계명이 온 율법과 선지자의 강령이니라."

예수께서는 위의 답변을 통해 세 가지 서로 연관되는 논점을 부각시키셨습니다. 첫째, 가장 큰 계명은 하나님을 사랑하라는 계명(신 6:5)과 이웃을 사랑하라는 계명(레 19:18)입니다. 둘째, 하나님 사랑과 이웃 사랑은 나머지 611가지 규례와 마찬가지로 각각 하나의 율법 조항이지만, 그 기능에서는 나머지 율법 조항들의 의미와 정신을 살리는 원동력 노릇을 합니다. "이 두 계명이 온 율법과 선지자의 강령['기본 줄거리'라는 뜻]이니라"(40절)라는 말은 원래 "온 율법과 선지자가 (그 의미와 정신에서) 이 두 계명에 의존해 있다"는 뜻입니다.[5] 즉 하나님 사랑과 이웃 사랑이 빠진다면, 나머지 모든 율법은 진정한 의미를 잃고 계명이 갖고 있는 본래의 취지로부터 멀어진다는 말입니다. 셋째, 이 두 계명의 공통된 목표는 '사랑'입니다. 계명은 계명 자체에 목표가 있는 것이 아니고 사랑을 이루는 데 있습니다. 따라서 계명을 준수할 때 사랑[하나님 사랑

및 이웃 사랑]을 목표로 하여야 합니다.

사실 십계명의 조항들도 하나님 사랑, 이웃 사랑과 긴밀히 연관이 됩니다. 1-4계명은 하나님 사랑의 범주에 속하고, 5-10계명은 이웃 사랑의 범주에 속하기 때문입니다. 이렇듯 십계명 역시 하나님 사랑과 이웃 사랑의 표현이라고 볼 수 있습니다.

그렇다면 율법 전체든 십계명이든 그 요체는 하나님 사랑과 이웃 사랑에 있고, 이러한 이중적 사랑은 도덕적 하나님의 뜻을 형성하는 근간이 됩니다.

신약 시대: 하나님·신앙 공동체·세상 사람들에 대한 사랑

그리스도께서 승천하시고 성령께서 강림하심으로써 하나님의 백성— 이스라엘 민족뿐 아니라 모든 족속을 망라하는 신앙 공동체— 인 교회가 새로운 출발을 하였습니다. 하나님의 백성은 여전히 하나님을 사랑하고 이웃을 사랑하라는 계명을 준수해야 합니다. 그런데 신약 시대로 와서는 '이웃'이 두 대상으로 나뉩니다. 하나는 그리스도를 함께 믿는 하나님의 백성 곧 그리스도 안에서의 형제자매들이요(갈 5:13-14), 또 하나는 아직 그리스도를 믿지 않는 세상 사람들입니다(롬 13:8-10).

그렇다면 오늘날 우리에게 있는 사랑의 대상은 하나님·

신앙 공동체·세상 사람들, 이렇게 셋입니다. 그러므로 성경은 우리가 하나님을 사랑하는 것을 당연히 여기고 있습니다(롬 8:28; 딤후 3:4; 히 6:10; 요일 5:2, 3. 예수님 사랑에 대한 경우 요 21:15-17; 벧전 1:8). 또 신앙 공동체 내에서 형제 사랑(살전 4:9; 벧전 1:22; 벧후 1:7) 혹은 성도 사랑(엡 1:15; 골 1:4; 몬 1:5)이 나타나는 것을 대견스럽게 인정하고 끈질기게 권면합니다. 그뿐만 아니라 그리스도 밖에 있는 이들에 대해서도 사랑을 처방하는데, 실상 이것은 하나님의 세상[세상 사람들] 사랑(요 3:16)을 본받는 일입니다. 이들에 대한 사랑을 가리켜 어떤 때는 "남을 사랑"하는 것(롬 13:8)으로, 또 어떤 때는 "모든 사람에 대한 사랑"(살전 3:12)으로 표현합니다. 예수께서 사랑의 대상으로 언급하신 "원수"(마 5:44; 눅 6:27, 35) 역시 믿지 않는 이들 가운데 일부로 보아야 할 것입니다.

지금까지 우리는 613가지 율법 전체나 도덕법에 해당하는 십계명이 하나님 사랑과 이웃 사랑으로 축약되고, 신약 시대에는 하나님 사랑, 신앙 공동체 사랑, 세상 사람들 사랑으로 분화된다는 것을 살펴보았습니다. 하나님의 계명이 하나님·신앙 공동체·세상 사람들에 대한 사랑으로 표현되기 때문에, 도덕적 하나님의 뜻 또한 이 세 대상들과 연관한 염원·간구·권면으로 나타나지 않을 수 없습니다.

도덕적 뜻의 중요성

그러면 도덕적 하나님의 뜻은 왜 중요할까요? 이토록 장황하게 소개해야 할 정도로 도덕적 하나님의 뜻은 귀한 것일까요? 물론입니다.

구원받은 자로서의 진정성 확증

도덕적 하나님의 뜻은 그 내용이 구원받은 자의 마땅한 자태—말, 태도, 행실 등—를 나타내기 때문에 중요합니다. 다시 말해 어떤 그리스도인의 모습에서 도덕적 하나님의 뜻의 해당 내용이 반영되고 있다면, 그의 구원은 진정한 것임이 입증된다는 말입니다. 이 점은 바울이 구원과 선행 사이의 관계를 설명한 구절에서 찾아볼 수 있습니다.

엡 2:8-10 [8]너희는 그 은혜에 의하여 믿음으로 말미암아 구원을 받았으니 이것은 너희에게서 난 것이 아니요 하나님의 선물이라. [9]행위에서 난 것이 아니니 이는 누구든지 자랑하지 못하게 함이라. [10]우리는 그가 만드신 바라. **그리스도 예수 안에서 선한 일을 위하여 지으심**[재창조를 의미]**을 받은 자**니 이 일은 하나님이 전에 예비하사 우리로 그[선한 일들] 가운데서 행하게 하려 하심이니라.

우리가 잘 알고 있는 대로, 우리는 오직 하나님의 은혜 덕분에 믿음을 발휘하여 구원을 받은 것입니다(8절). 구원의 근거는 우리의 행위에 있지 않습니다(9절). 그러나 여기에서 그쳐서는 안 됩니다. 왜냐하면 10절에 보면 우리가 "선한 일을 위하여" 재창조를 받았다고 되어 있기 때문입니다. 이로 보건대 우리의 행위/선행이 **구원의 근거**는 아니지만 **구원의 목적**은 될 수 있습니다. 비슷한 생각이 바울의 다른 서신에도 등장합니다.

딛 3:8 이 말이 미쁘도다! 원하건대 너는 이 여러 것에 대하여 굳세게 말하라. 이는 **하나님을 믿는 자들로 하여금 조심하여 선한 일을 힘쓰게 하려 함**이라. 이것은 아름다우며 사람들에게 유익하니라.

구원과 선행의 긴밀한 관계는 그리스도인 개인의 차원 뿐 아니라 공동체적 차원에서도 강조되어야 합니다.

딛 2:14 그가 우리를 대신하여 자신을 주심은 모든 불법에서 **우리를 속량하시고 우리를 깨끗하게 하사 선한 일을 열심히 하는 자기 백성이 되게 하려 하심**이라.

이처럼 선행은 개인적 차원에서나 공동체적 차원에서 나 구원의 목적이자 징표가 됩니다. 그런데 여기에 언급된 '선행'이 실은 도덕적 하나님의 뜻을 구성하는 내용과 별반 다르지 않습니다. 그렇다면 도덕적 하나님의 뜻 역시 구원의 진정성을 판가름할 수 있는 징표가 된다고 할 수 있고, 바로 그런 이유 때문에 도덕적 뜻의 중요성을 말하지 않을 수 없는 것입니다.

개별적 하나님의 뜻을 분별하는 자원이 됨

도덕적 하나님의 뜻은 개별적 하나님의 뜻을 분별하는 데 긴요한 도우미 노릇을 합니다. 개별적 하나님의 뜻은 내가 누구와 결혼해야 할지, 내가 어떤 직업에 종사해야 할지, 나의 거주지를 어디로 잡아야 할지 등에 대한 것으로서, 주어진 상황과 여건에 의존하여 하나님의 뜻을 깨닫는 일입니다. 이때 하나님의 마음에 조금이라도 더 근접할 수 있고, 자신의 결정과 행위에 대한 동기를 더 진솔하게 점검할 수 있다면, 개별적 뜻을 탐구하는 일에는 그만큼 진보가 확연해질 것입니다. 바로 여기에서 도덕적 하나님의 뜻이 중요한 역할을 합니다.

우선, 도덕적 하나님의 뜻에 익숙하고 정통해 있을수록 하나님의 마음—또 동시에 그리스도의 마음—에 가까워집니다. 성경은 이 상태를 가리켜 "그리스도의 마음을 가진"것(고전 2:16)으로 말합니다. 이것은 부부가 오랜 세월을 함께 지내면서 상대방의 마음을 속속들이 파악하는 것과 비슷합니다. 물론 그리스도에 대해서 이런 표현을 쓸 때는 조심해야 하겠지만, 동시에 사도 바울만이 이런 상태를 누린 것으로 치부하는 것도 능사는 아닙니다. 어쨌든 우리가 하나님과 그리스도의 마음에 가까워지면 가까워질수록 우리를 향한 개별적 하나님의 뜻을 파악하기가 용이해진다고 할 수 있습니다.

또, 도덕적 하나님의 뜻은 하나님 사랑과 이웃 사랑을 중심 내용으로 하기 때문에, 우리가 도덕적 하나님의 뜻에 침잠할수록 우리의 행동과 결정의 원동력이 하나님 사랑과 이웃 사랑에 있는 것인지 아닌지 솔직하고 정확하게 파악할 수 있습니다. 개별적 하나님의 뜻은 종종 순수하지 않은 욕구, 흐려진 가치관, 분수에 넘치는 판단 등으로 인해 올바른 선택이 방해를 받습니다. 그때 자신의 내면을 이미 친숙해 있는 도덕적 하나님의 뜻에 비추어 본다면—이것은 나의 결정이나 선택이 곧 하나님 사랑과 이웃 사랑에서 나온 것인지 점검하는 일인데—개별적 뜻에 대한 분별과 선택의 작업에 상당한 도움을 받을 수 있을 것입니다.

이처럼 도덕적 하나님의 뜻은 개별적 하나님의 뜻을 분별하는 데 두 가지 방면에서 도움을 줄 수 있기 때문에 중요합니다. 그러므로 우리가 진정으로 거듭난 개인과 공동체인지 확인받고자 한다면, 또 그런 그리스도인으로서 개별적 하나님의 뜻을 분별하고자 한다면, 항시 도덕적 하나님 뜻에 착념해야 합니다.

성경 구절을 통한
하나님의 인도

하나님의 뜻에 두 종류, 즉 보편적 하나님의 뜻과 개별적 하나님의 뜻이 있음은 앞 장에서 밝힌 바와 같습니다. 보편적 하나님의 뜻은 도덕적 하나님의 뜻이라고도 불리는데, 그 내용이 무엇인지는 성경의 여러 곳에 여러 형태로 나타나 있습니다.

반면 개별적 하나님의 뜻은 성경에 제시되어 있지 않습니다. 성경에는 오늘날 우리가 어떤 특정한 교회를 다녀야 할지, 누구와 결혼을 하고 어떤 직종에 종사해야 할지, 어디서 어떤 규모로 살아야 할지 말해 주지 않습니다. 그러면 어떻게 그리스도인 각자에 대한 개별적 하나님의 뜻을 알 수 있을까요? 그것은 하나님께서 부여하신 몇 가지

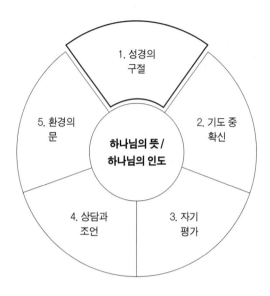

수단을 활용함으로써 가능합니다.

　위의 그림처럼, 하나님께서는 우리가 개별적 하나님의 뜻을 찾을 수 있도록 다섯 가지 수단 혹은 방편을 허락하셨습니다. 이번 장에서는 그 첫째 수단/방편인 '성경의 구절', 즉 성경 말씀에 대해 다루겠습니다.

성경의 구절을 통한 하나님의 인도

하나님께서 성경 말씀을 통해 인도하신다는 말의 의미는 성경의 어떤 특정한 구절에 의해 자신의 뜻을 깨우친다는 뜻입니다. 어떤 때는 개인이 경건의 시간Quiet Time을 보내는 동안 본문에 나온 특정 구절에 의해 깨달음을 얻을 수도 있고, 어떤 경우에는 목회자의 설교 내용을 접하면서 그날의 본문이 강한 인상을 남길 수도 있습니다. 또 어떤 때에는 일상적 삶 가운데 갑자기 떠오르는 하나님의 말씀이 중요한 삶의 방향에 결정적 영향을 발휘하기도 합니다.

제가 이렇게 말하면 많은 이들은, "그러면 그 특정한 구절의 이해가 문맥을 벗어나도 상관이 없나요?"라고 질문할 것입니다. 물론 해당 성구가 문맥에 맞게 해석되고 적용되면 그보다 더 좋을 수가 없겠지요. 사실 특정한 성구가 본문의 문맥을 벗어나거나 아무 상관없이 인용되면 문제를 일으킬 수 있습니다. 실제로 과거 그리스도인들의 삶이나 형편을 보면 그런 사례가 빈번했습니다. 오죽하면 특정 성구에 의한 하나님의 인도를 기대했다가 졸도한 청년 이야기가 그리스도인들 사이에 고전적인 패러디로 자리를 잡았을까요? 혹시 모르는 분이 있을까 하여 말씀드리겠습니다.

어떤 청년이 교회 모임에 갔다가 하나님께서는 성경 말씀을 통해 인도하신다는 말을 듣게 되었는데, 문제는 그가 이것을 너무 융통성 없이 이해했다는 데 있습니다. 그는 다음 날 아침 일어나자마자 "주여, 말씀으로 인도하소서!" 하고 성경을 펼쳤고, 뜻밖에도 마태복음 27장 5절["유다가 은을 성소에 던져 넣고 물러가서 **스스로 목매어 죽은지라**"]이 눈에 들어왔습니다. 깜짝 놀란 그는 뭔가 잘못되었다 싶어 또 한 번 기도한 후 다른 구절을 찾았는데, 글쎄 누가복음 10장 37절 후반부["**가서 너도 이와 같이 하라**"]가 펼쳐지는 것 아니겠습니까? 그는 쿵쾅거리는 마음을 간신히 가라앉히고서, 이왕 이렇게 된 바에야 한 번 더 인도를 구해야겠다는 생각에 다시금 성경을 펼쳤습니다. 그러고서 그는 혼절했다고 합니다. 요한복음 13장 27절 후반부["**네가 하는 일을 속히 하라**"]가 나왔기 때문입니다.[1]

물론 우스갯소리입니다. 그러나 일리가 있지 않습니까? 앞으로 소개할 아우구스티누스나 본회퍼의 사례를 보면, 어떤 사태의 경우 상당히 '문맥을 벗어난' 성경 해석이나 성구 인용에 의해 인도를 받는 듯 보입니다. 또 교회 역사를 일별해도 이런 사례가 심심찮게 등장하는 것을 볼 수 있습니다. 우리는 이 모든 것에 대해 어떤 평가를 내려야 할까요? 이 질문에 대한 답변으로서, 성경 말씀을 통한 하나님의 인도에 다섯 가지 유형이 있음을 소개하고 각각에 대해 평가를 내리고자 합니다.

다섯 가지 유형

하나님께서 특정한 성구를 통해 그리스도인을 인도한 다고 할 때 거기에는 다섯 가지 유형이 나타납니다.

다섯 가지 유형은 각각 Ⓐ 오류형 Ⓑ 오해형 Ⓒ 용인형 Ⓓ 부연형 Ⓔ 정도형입니다. 이 가운데 Ⓐ Ⓑ와 Ⓒ는 특정 성구가 문맥을 벗어나는 식으로 활용된 경우입니다. Ⓓ와

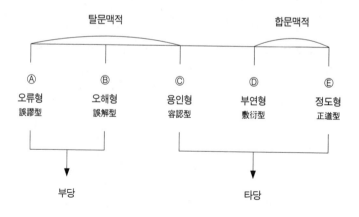

ⓔ는 특정 성구가 문맥적으로 올바르게 사용된 경우입니다. 그러나 탈문맥적 성구 활용이 모두 잘못되었다고 할수는 없습니다. ⓐ와 ⓑ의 경우에야 부당하다는 판정을 내릴 수 있겠지만, ⓒ의 경우에는 그렇지 않습니다. 물론 ⓓ ⓔ는 문맥에 맞게 성구가 사용된 경우이므로, 얼마든지 타당한 유형으로 분류할 수 있습니다.

이제 각 유형을 그에 해당되는 사례와 더불어 하나씩 살펴봅시다.

ⓐ 오류형

이 유형은 성구의 맥락이나 의미 파악에서 사용자가 오류를 범할 때 산출됩니다. 이런 오류의 결과, 해당 인물은 괴기하거나 윤리적으로 어긋난 행위를 저지릅니다.

사례 1: 1986년 매우 열정적인 전도자들이 예수님의 발자취를 좇아 예루살렘으로 가는 비행기를 탔습니다. 비행기가 창공을 나르자 일행 중 하나가 큰 소리로 웃기 시작했습니다. 이유를 묻자 그는 "시편 2장 4절에 보면 '하늘에 계신 이가 웃으심이여'라고 되어 있기 때문이지"라고 답했다고 합니다.[2]

→ 하지만 시편 2장 4절에 나오는 "하늘에 계신 이"는

하나님이시므로 다른 대상에게 적용할 수 없습니다. 또 "웃으심" 역시 그냥 웃는 것이 아니고 "비웃음"입니다(4절 하반절에 그렇게 되어 있습니다).

사례 2: 어떤 여성은 자신을 방문한 여주인이 실수로 화장대 위에 돈을 놓고 가자 그 돈을 베개 아래 감추었습니다. 그녀는 놓인 돈을 보며 "주께서 '만물이 다 너희 것임이라'(고전 3:21)라고 하신 말씀이 사실임을 입증할 기회를 주셨구나"라는 생각이 들었다고 나중에 밝혔습니다.[3]

→ 여기에서 말하는 "만물"은 복음의 촉진을 이루어 낸 모든 이들의 사역적 열매 및 이 세상 철학자들이 자기들의 지혜로 통달했다고 주장하는 모든 성과물을 의미하지, 재산이나 소유물을 뜻하지 않습니다. 혹시 "만물"이 재산이나 소유물을 가리킨다고 해도, 다른 사람의 소유물을 자기 것으로 취해서는 안 됩니다. 왜 그럴까요? 성경에 비추어 볼 때 이 세상의 재물에는 두 주인이 있습니다. 궁극적 소유주는 하나님이십니다(시 24:1). 그런데 비록 하나님께서 모든 재물의 궁극적 소유주이시더라도, 하나님은 세상의 질서를 위해 인간들을 부차적 소유주로 세우셨습니다(참고. 창 12:5). 고린도전서 3장 21절은 궁극적 소유주와의 관계에서 이 세상 재물을 보는 것으로서, 이것이 부차적 소유주의 위상과 권리를 무효화하는 것은 아닙니

다. 그렇기 때문에 후자를 무시하는 일은 십계명[8계명]에 서조차 금하는 바 도적질에 해당이 됩니다.

ⓑ 오해형

'오해형'은 '오류형'만큼 사태가 심각하지는 않지만, 어쨌든 특정 성구의 맥락을 오해하고 본문의 의미를 왜곡한다는 점에서는 첫 유형과 양상이 비슷합니다.

사례 3: (1960년대 어느 때) 어떤 젊은 영국 여성은 하나님께서 미국 여행에 필요한 비자를 허락하시리라고 확신하고 있었습니다. 확신의 근거로 이사야 41장 2절을 내세웠는데, 하나님께서 동방으로부터 공의로운 사람을 불러 세운다고 하셨다는 것이었습니다. 그러나 그녀는 결국 비자를 얻지 못했습니다.[4]

→ 이사야 41장 2절이 가리키는 인물은 바벨론을 정복한 바사(페르시아) 왕 고레스이고, 그가 칼과 활로써 열국을 평정할 것이라고 전합니다. 이 여성은 해당 성구의 맥락과 의미를 모두 곡해했던 것입니다.

사례 4: 한때 노예선 선장이었다가 회심한 존 뉴턴(John Newton, 1725-1807)은, 성공회 사제가 된 후 잉글랜드 워릭에 있는 한 교회로부터 청빙을 받았습니다. 그 즈음 그

는 "두려워하지 말며 … 이는 이 성중에 내 백성이 많음이
라"(행 18:9-10)라는 성구를 접했고, 청빙할 교회의 부르
심에 응하면 하나님께서 큰 성공을 허락하시리라는 약속
으로 그 내용을 받아들였습니다.[5]

　→ 사도행전 18장 9-10절은 적대적 상황의 고린도 지
역을 사역 대상으로 맞은 바울에게 힘을 북돋우고자 하나
님께서 주신 격려의 메시지였습니다. '내 백성이 많다'는
것은 앞으로 복음 사역에 의해 믿게 될 사람들을 염두에
둔 표현으로서, 이미 신자가 된 교구 구성원들과는 차이
가 큽니다. 다행스럽게도 뉴턴은 얼마 후, 이처럼 무작위
적으로 찾은 구절에 의거해 하나님의 인도를 구하는 것이
어리석음을 자각했습니다. 다시 말해, 자신은 바울이 아니
고 워릭은 고린도가 아님을 깨달았던 것입니다.

©용인형

　이 유형은 특정 성구가 문맥과 관계없이 (혹은 문맥을 벗
어나) 사용되지만 하나님의 인도를 구하는 당사자의 상황
이나 형편에 딱 들어맞는 경우를 말합니다. 성구 사용이
탈문맥적이라는 점은 다소 불편하지만, 그래도 하나님의
인도를 목말라하는 이의 처지에서 보면 너무나 적실하기

에 '용인형'이라는 명칭을 붙인 것입니다.

사례 5: 아우구스티누스(Aurelius Augustinus, 354-430)는 31세의 나이에 기독교의 진리와 성적 쾌락의 굴레 사이에서 고뇌하던 중, 아이들이 '톨레 레게*tolle lege*'(집어 들고 읽으라)라고 부르는 노랫소리에 자극을 받아 성경을 집어 들었습니다. 그러고서 펼쳤더니 로마서 13장 13-14절("낮에 와 같이 단정히 행하고 방탕하거나 술 취하지 말며 음란하거나 호색하지 말며 다투거나 시기하지 말고 오직 주 예수 그리스도로 옷 입고 정욕을 위하여 육신의 일을 도모하지 말라")이었습니다.[6] 아우구스티누스는 이 말씀을 자신의 변화를 위한 하나님의 인도라고 받아들였습니다.

→ 비록 아우구스티누스가 로마서를 체계적으로 읽고 있지는 않았지만, 로마서 13장 13-14절의 내용은 그의 죄악된 처지를 뒤바꾸고 새로운 차원의 삶을 설계하는 데 너무나 적실했습니다. 누구도 하나님께서 이 특정 구절을 통해 아우구스티누스를 인도하셨다는 사실에 대해 반론을 제기하지 않을 것입니다.

사례 6: 본회퍼(Dietrich Bonhoeffer, 1906-1945)는 1939년 강의 초청을 받고 미국에서 머무르던 중 고국으로 되돌아갈지 미국에 계속 체류해야 할지 고민하고 있었습니다. 그러다가 결국 고국으로의 귀환을 결심합니다. 그런데 그의 결정을 추동시킨 것은, 그가 애용하던 성경 묵상집의 6월 26일 자 본문["너는 겨울 전에 어서 오라"(딤후 4:21)]이었습니다. 그 말씀은 그날 본회퍼를 종일 따라다녔고, 미국에서의 체류 기간은 마치 군인의 휴가와 같이 느껴졌다고 했습니다.[7]

→ 본회퍼가 매일 본문이 달라지는 묵상집을 사용하였다는 것은, 그가 디모데후서 4장 21절의 의미를 4장 전체의 문맥적 흐름 가운데 고착시키지 않았다는 뜻입니다. 그럼에도 불구하고 그는 자신의 여생에 대한 하나님의 인도를 받을 수 있었고, 이러한 결정이 특정 성구를 잘못 사용한 것 같지는 않다고 스스로 판정하기까지 했습니다.

그런데 어떤 이들은, "ⓑ 오해형이든 ⓒ 용인형이든 특정 성구를 탈문맥적으로 사용하는 것은 공통적인데, 왜 ⓑ는 부당한 사례로 판정을 받고 ⓒ는 타당한 사례로 분류되는가?" 하고 의문을 제기할지도 모릅니다. 일리가 있는 질문입니다. ⓑ와 ⓒ 유형은 네 가지 면에서 그 차이가 있습니다(58쪽 표).

ⓓ 부연형

이 유형의 성구 사용은 특정 성구의 맥락을 고려한다는

유형 항목	⑧ 오해형	ⓒ 용인형
특정 성구의 의미 파악	사례 3, 4는 해당 성구의 문맥뿐 아니라 성구의 의미조차도 그릇되게 파악하고 있다.	탈문맥적이기는 해도 사례 5, 6의 경우, 성구의 의미만큼은 올바르게 파악하고 있다.
도덕적 하나님의 뜻에 관한 관심	평소 도덕적 하나님의 뜻을 소홀히 여기거나 그런 뜻에 무지하다.	평소 도덕적 하나님의 뜻에 헌신되어 있다. (아우구스티누스의 경우, 향후 그렇게 한다).
성구 활용의 목적	자기 욕구를 정당화하는 데 급급하다.	자기변화나 자기희생을 염두에 둔다.
사례의 빈도	이런 사례가 반복적으로 발생한다. 그리하여 일종의 습성으로 굳어진다.	이런 식의 성구 사용은 생애를 통틀어 본다 해도 매우 드문 일이다.

점도 그렇고, 성구의 의미를 온전히 파악한다는 점에서 타당한 방안으로 여기기에 마땅합니다. 단지 성구 활용자의 최종 행위(혹은 인식)는 성구 내용 그대로가 아니고 그 내용이 확장되거나 부연되는 등 발전적 형태를 취한다는 점이 특이합니다.

사례 7: 1960년대 초기 인도네시아에 파송을 받아 사역하던 마틴 골드스미스 선교사는 당시 세력을 쥐고 있던 공산주의자들에 의해 반역 혐의를 뒤집어쓰게 되었습니다. 열악하기 짝이 없는 형편의 감옥에 갇혀 종신형을 치러야 한다고 생각하니, 그는 불안과 걱정에 시달려 잠을 잘 수 없는 지경에 이르렀습니다. 그러던 어느 날 아침 "산들이 예루살렘을 두름과 같이 여호와께서 그의 백성을 지금부터 영원까지 두르시리로다"(시 125:2)라는 말씀을 읽었습니다. 그는 이 구절에 기초하여 하나님께서 자신[골드스미스 선교사]을 둘러싼 산성이 되어 주십사 간절히 기도했습니다. 그날부터 공산당의 기소 계획이 무산되었습니다.[8]

→ 시편 125편 2절은 여호와께서 자기 백성을 보호하신다고 약속하는 내용입니다. 골드스미스 선교사는 이 특정 구절의 맥락과 의미를 제대로 파악하고 있었습니다. 그리하여 하나님께 자신의 보호를 간청했습니다. 그런 간청의 근저에는 시편 125편 2절로부터 다음과 같은 관념의 확장 혹은 부연이 있었습니다. (여호와께서 자기 백성을 두르심 → 여호와께서 자기 백성을 보호하심 → 여호와께서 백성 중 하나인 자신을 보호하심 → 여호와께서 백성 중 하나인 자신을 공산주의자들로부터 보호하심.) 과연 그는 이 성구에 의해 하나님의 인도를 경험한 것이었습니다.

사례 8: 제 경우, 어느 날 학교 채플에 늦지 않게 참석하려고 아등바등하던 중 뒷길 사거리의 빨간불 신호를 어기며 주행을 감행했습니다. (강의 준비 때문에 집에서 늑장을 부린 것이 주원인이었습니다.) 학교에 가는 동안은 물론, 채플에 참석한 내내 마음이 불편했습니다. 그런데 그날 설교자는 다니엘 3장 18절("그렇게 아니하실지라도 왕이여! 우리가 왕의 신들을 섬기지도 아니하고 왕이 세우신 금 신상에게 절하지 아니할 줄을 아옵소서!")을 본문으로 삼고 있었습니다. 설교의 요지는, 우리가 시련이나 유혹에 직면할 때 하나님의 특출한 도우심이 없더라도 일사각오의 정신으로 그 시련이나 유혹과 싸워야 한다는 것이었습니다. 그러면서 "여기에는 아주 작은 일도 해당이 됩니다. 우리의 양심에 가책이 되는 것이라면 아무리 사소한 일이라도 타협해서는 안됩니다"라고 경고조의 권면을 던졌습니다. 그 설교를 들으며 마음에 큰 찔림을 받았고, 양심에 가책을 느끼는 일은 크든 작든 결단코 피하는 것이 하나님의 뜻이라고 확신하게 되었습니다.

→ 그날의 설교자는 설교를 통해 다니엘 3장 18절의 전후 문맥과 의미를 정확히 밝혔습니다. 그런데 제가 하나님의 뜻으로 다짐한 바는 '양심에 가책이 되는 일은 결단코 피한다'로서 설교 본문인 다니엘 3장 18절과는 내용상 차이가 큽니다. 그러나 여기에는 다음과 같은 추론 과정이 개진되어 있습니다. (하나님의 특출한 도우심이 없어도 우상

에게 절하지 않음 → 항시 시련이나 유혹과 싸움 → 양심에 어긋나면 작은 일이라도 타협하지 않음.) 따라서 비록 다니엘 3장 18절과 제 결심이 내용상 다르기는 하지만, 전기한 추론 과정을 고려할 때 제 결심은 다니엘 3장 18절의 확장 혹은 부연이라고 할 수 있습니다.

Ⓔ 정도형

'정도형'은 말뜻 그대로 특정 성구의 사용자가 문맥의 고려나 의미 파악에서 치우침과 빗나감이 없는 유형을 일컫습니다. 또, 하나님의 인도를 받는 행동거지가 성경 구절의 내용을 그대로 반영합니다.

사례 9: 지난 15년간 북부 고산 지대의 소수 민족 사이에서 성경 번역 사업을 추진하던 N 선교사는, 최근 큰 딜레마에 빠졌습니다. 소수 민족 내 민족주의자들이 정부의 이주 정책에 반기를 들자 정부 측에서 거의 인종 말살에 가까운 폭력 조치로 대응한 것이 사태의 발단이었습니다. 한편으로 소수 민족을 사랑하고 동고동락해 온 만큼 N 선교사는 위험을 무릅쓰고라도 그들과 함께 있어 주어야 했습니다. 그러나 머지않아 소수 민족어 신약 성경의 완성을 내다보고 있는 번역 선교사의 입장에서는, 무사히 안전한 지역으로 피해서 사역을 마무리 짓고 싶었습니다. 그 당시 마태복음을 읽고 있던 N 선교사는 어느 날 "이 동네에서 너희를 박해하거든 저 동네로 피하라"(마 10:23)라는 내용에 용기를 얻고서, 아무래도 사역지를 옮기는 것이 하나님의 뜻이라고 결심을 굳히게 되었습니다.

→ 이 경우는 특정 성구에 의해 하나님의 인도를 받는, 타당한 사례로 볼 수 있습니다.

사례 10: 압둘 무스파트는 새로이 아랍어과 교수로 초빙된 이집트 출신의 크리스천인데, 회심한 지 불과 1년밖에 되지 않은 것으로 자신을 소개했습니다. 그는 과거에 매우 경건한 무슬림으로 지냈기 때문에 아직도 돼지고기를 금기시하는 등 옛 습관이 남아 있었습니다. 같은 과의 김 교수는 평소 아랍권 교회에 관심이 많던 터라 자청해서 이번 기회에 압둘과 친분을 쌓아 가기로 했습니다. 하나님의 인도를 구하던 어느 날 밤, 김 교수의 뇌리에는 "그러므로 만일 음식이 내 형제를 실족하게 한다면 나는 영원히 고기를 먹지 아니하여 내 형제를 실족하지 않게 하리라"(고전 8:13)라는 말씀이 번개같이 떠올랐습니다. 그래서 될 수 있으면 압둘 앞에 신앙적 걸림돌을 두지 말아야겠다는 결심하에 아예 돼지고기를 먹지 않기로 마음을 정했습니다.

→ 김 교수가 고린도전서 8장 13절을 압둘과 연관한 하나님의 인도를 받는 데 적용한 것은 타당한 조치로 보입니다.

이번 장에서는 특정 성구를 수단으로 하여 하나님의 인도를 받는 다섯 가지 유형을 살펴보았습니다. 그 가운데 ⓒ 용인형, ⓓ 부연형, ⓔ 정도형은 합당한 성구 활용의 유형이라고 설명했습니다. 성경의 구절 활용이 개별적 하나님의 뜻을 분별하는 방편이라고 말했지만, 개별적 하나님의 뜻이 이 방편 한 가지만으로 알려지는 경우는 드뭅니다. 오히려 다른 네 가지 수단/방편들 —기도 중 확신, 자기 평가, 상담과 조언, 환경의 문— 이 효과적으로 연동될 때, 개별적 하나님의 뜻을 확정하는 일은 신빙성을 더해 갈 것입니다.

기도 중 확신을 통한 하나님의 인도

3장에 이어 4장에서도 개별적 하나님의 뜻에 대해 살펴보겠습니다. 개별적 하나님의 뜻은 그리스도인 각자에 따라 내용이 다르고, 그 내용이 성경에 제시되어 있지도 않기 때문에 하나님께서 부여하신 다섯 가지 수단—성경의 구절, 기도 중 확신, 자기 평가, 상담과 조언, 환경의 문—을 활용함으로써 각자를 향한 하나님의 뜻을 분별해야 합니다. 4장에서는 하나님의 뜻을 분별하는 수단/방편으로서 두 번째에 해당하는 '기도 중 확신'을 소개하고자 합니다.

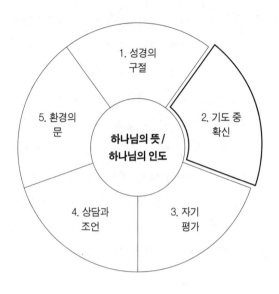

'기도 중 확신'에 대한 개요

기도 중 확신의 의미

여기에서 말하는 '기도'란 상당히 일반적인 것으로서, 그리스도인이 하나님과의 대화 가운데 채택하는 각양 소통 형식을 망라합니다. 이해를 돕기 위해 기도의 요소와 기도의 계기를 예로 들어 보겠습니다.

기도의 요소는 보통 '사도행전Acts of the Apostles'의 첫 단어인 'ACTS'를 [A(Adoration, **사모**: 하나님을 높이고 숭앙하는 기도), C(Confession, **자백**: 하나님께 죄를 고백하고 회개하는 기도), T(Thanksgiving, **감사**: 하나님께 고마움과 사의를 표현하는 기도), S(Supplication, **간구**: 하나님께 필요를 아뢰고 구하는 기도)] 분해하여 찾아냅니다. 기도는 이렇듯 사모의 기도, 자백의 기도, 감사의 기도, 간구의 기도 등 어느 것이나 의미할 수 있습니다. 다시 말해서 어떤 양태의 기도든 하나님께서 인도하시는 방편으로 사용될 수 있다는 것입니다.

기도는 또 기도의 계기에 따라서도 그 종류를 나누어 볼 수 있습니다. 우리는 개인적으로 말씀을 묵상하고 나서 주로 적용 사항 위주의 기도를 합니다. 어떤 경우에는 공식적 기도제목 표나 개인적 기도제목을 가지고 중보기도 도고, 禱告, intercession를 합니다. 혹은 목회자의 설교 이후 깨달은 내용을 가지고 집중적으로 기도하기도 합니다. 또 어떤 때는 구역이나 목장 등 소그룹 단위의 모임에서 그룹 기도에 참여하는 수도 있습니다. 그런데 경건의 시간 때의 적용 기도든, 중보기도든, 설교 후의 기도든, 아니면 소그룹 모임의 기도든 어떤 계기에 드리는 기도라도 하나님의 인도에 관한 단초나 힌트를 포함할 수 있습니다.

'기도 중 확신'이라는 어구에서 '확신'이라는 말도 설명이 필요합니다. 이 글에서 '확신'은 흔히 통용되듯 '굳은 신념'이라는 뜻이 아닙니다. 이 말은 오히려 '우리의 심령에 각인되는 강렬한 영적 인상spiritual impressions'으로 이해하는 것이 좋습니다. 따라서 '기도 중 확신'이라는 말은 **기도하는 가운데 하나님의 뜻이라고 해석되거나 하나님의 뜻에 근접한 것으로 여길 수 있는 어떤 강렬한 단서가 포착되는 현상**을 의미합니다.

하나님의 인도와 기도의 중요성

기도를 통해 하나님의 인도를 받은 명확한 사례가 성경에 그리 많지는 않지만, 둘 사이[하나님의 인도와 기도]의 긴밀한 연관성을 강하게 시사하는 곳은 최소한 두 군데가 있습니다. 우선, 기도하지 않았기 때문에 하나님의 인도를 놓친 안타까운 사연부터 말해 봅시다. 구약 성경을 보면 여호수아는 초기의 가나안 땅 공략[여리고 및 아이 성]에서 성공을 거두었음에도 불구하고 인근 지역의 기브온 거주민을 쫓아내지 못했습니다. 그 이유는 기브온 주민들의 위장 전략에 속아 그들과 조약을 맺었기 때문입니다(수 9:3-13). 이때의 치명적인 실수에 대해 성경은 이렇게 증언합니다.

수 9:14-15 무리가 그들[기브온 주민]의 양식을 취하고는 **어떻게 할지를 여호와께 묻지 아니하고** 여호수아가 곧 그들과 화친하여 그들을 살리리라는 조약을 맺고 회중 족장들이 그들에게 맹세하였더라.

이렇듯 여호수아와 족장들은 기브온 주민을 어떻게 다루어야 할지 하나님께 묻지[기도하지] 않았기 때문에 그들에 대한 하나님의 인도를 받을 수 없었던 것입니다.

반면, 신약으로 오면, 기도를 통해 하나님의 인도를 받은 바람직하고 모범적인 경우가 나타납니다.

행 22:10 내[바울]가 이르되, **"주님, 무엇을 하리이까?"** 주께서 이르시되, "일어나 다메섹으로 들어가라. 네가 해야 할 모든 것을 거기서 누가 이르리라" 하시거늘

이 구절은 바울이 다메섹 도상에서 겪은 바를 간증하는 내용입니다. 그는 예루살렘에서 유대인들에 의해 린치를 당하던 중(행 21:27-30, 32) 마침 로마 군대 천부장의 중재로 잠시 안전이 확보되었고, 그 기회를 이용해 유대인들에게 자신의 처지를 변호하고 있었습니다(행 21:31-22:1). 바울이 다메섹 도상에서 부활의 주를 만났을 때(행 22:5-

8) 그는 "무엇을 하리이까?" 하며 기도했고, 주님은 최소 두 가지 항목—① 다메섹으로 들어갈 것, ② 누군가[아나니아]로부터 이후에 할 일에 대해 들을 것—에 걸쳐 주님의 뜻을 가르쳐 주셨습니다. 바울이 다메섹 도상의 경험 후 하나님의 인도를 받을 수 있었던 것은 기도를 통해 주님으로부터 지시 사항을 들었기 때문입니다.

위의 두 가지 예가 보여 주듯 하나님의 인도를 받는 데 기도는 중요한 방편이 됩니다.

영적 인상의 내용들

우리가 기도할 때 우리의 심령에는 강렬한 '영적 인상'이 각인된다고 말했습니다. 이러한 영적 인상은 하나님께서 우리를 인도하시고자 사용하는 단서이거나 표시일 수 있습니다. 그러면 우리의 심령에 각인되는 영적 인상에는 어떤 것들이 있을까요? 여기서는 세 종류의 영적 인상을 거론하고자 합니다. 물론 이 세 가지 범주는 어떤 경우 조금씩 중첩의 양상을 띠기도 합니다.

인지적 창안물

영적 인상의 첫째 부류는 '인지적 창안물'입니다. 인지적 창안물이란 전에는 없다가 새로이 산출되거나 아니면 의식의 심층에 숨겨져 있다가 표면으로 떠오르는 사고의 산물을 말합니다. 가령 어떤 기계 설비사가 동력 기계의 결함 문제 때문에 고민하던 중 갑자기 머릿속에 이중 밸브에 관한 아이디어가 떠올랐다고 합시다. 이런 아이디어가 바로 인지적 창안물입니다. 또 우범 지역의 관리를 맡은 신참 공무원이 우연히 TV 프로그램을 시청하다가 골목길에 야간 전광판을 설치하면 좋을 것 같다는 기발한 생각을 했다고 합시다. 이 역시 인지적 창안물에 해당이 됩니다.

그런데 기도는 종종 인지적 창안이 발생하는 모판으로 작용합니다. 기도할 때 우리의 심령은 평소와 달리 의식 아래의 상념을 건드리기도 하고 난데없는 창발의 잔치를 벌이기도 합니다. 기도하는 도중 전혀 예상하지 않았던 아이디어나 이미지가 불쑥 튀어나오기도 하고, 계획에 없던 신통한 방안이 창출되는 것은 결코 드문 일이 아닙니다. 또 어떤 때는 이미 과거부터 알고 있는 사실 내용이지만, 기도의 순간에 새로운 차원의 진리로 변모되어 우리의 심령을 사로잡기도 합니다.

기도의 인지적 창안 기능은 하나님의 인도와 관련해서
도 결코 녹이 슬지 않습니다. 우리가 취업이나 진로의 문
제를 놓고 고민할 때, 이성 교제와 결혼의 가능성에 직면
해 결정을 내려야 할 때, 우리의 기도는 하나님의 인도를
받는 유력한 방편이 될 수 있습니다. 예를 들어, 어떤 젊은
이가 대학원 진학을 할 때, 먼저 일반 대학원의 심리학과
를 지망할지 처음부터 신학대학원의 상담심리학 과정을
밟을지 망설이고 있다고 합시다. 그는 이 사안을 놓고 계
속 기도 중에 있었습니다. 기도하면서 그의 머릿속에는
지금까지 몇 년 동안 까맣게 잊고 있던 선배 한 사람이 밑
도 끝도 없이 떠올랐습니다. 그 선배는 비슷한 문제로 고
민하다가 자신에게 맞는 진로를 택한, 매우 유능하고 믿
을 만한 인물입니다. 기도 중에 이 선배 생각이 났다는 것
은, 진로와 관련하여 하나님의 인도를 받는 일이 거의 끝
났다고 할 정도로 비중이 큰 사건이었습니다. 바로 이것
이 하나님의 인도와 관련한 인지적 창안물의 예입니다.

사실 인지적 창안물의 제일 큰 수혜자는 이 글을 쓰는
저 자신일 것입니다. 저는 과거 20~25년간 신학과 철학
분야의 강의를 하고 책을 집필하면서 이해하지 못하거나
납득이 가지 않는 다수의 개념·주제·논변에 맞닥뜨리곤

했습니다. 자신의 한계나 부족함을 통감할 때는 기도하는 수밖에 없었습니다. 기도 가운데 혹은 기도와 더불어 하나님께서는 그런 사안들을 명쾌히 파악할 수 있는 인지적 창안물—통찰력, 근본 관념, 연관 사상 등—을 허락하셨습니다. 그것은 없던 것이 새로이 산출되거나 숨겨져 있던 것이 새롭게 드러나는 인지적 창안의 순간들이었습니다! 이처럼 기도 중에 허락받은 인지적 창안물 덕분에, 하나님의 뜻을 분별하거나["이번에 이 주제로 글을 쓰는 것은 하나님 뜻이야"] 하나님의 인도를 확신하게["하나님의 인도를 받은 고로 이 글을 마무리할 수 있었지"] 되었던 것입니다.

정서/감정의 동반

영적 인상으로 각인되는 두 번째 항목은 기도할 때 동반되는 정서/감정들입니다. 인간의 정서/감정은 이미 견지한 생각이나 신념의 강도에 영향을 미칩니다. 이 영향은 쌍방향으로 작용하여서 기존의 생각이나 신념을 강화하기도 하고 반대로 약화하기도 합니다. 예를 들어, 어떤 이에게 자신의 의중에 결혼 대상으로 두고 있는 이성이 있다고 합시다. 그런데 최근 들어 그 이성을 생각할 때마다 께름칙하거나 불쾌한 기분이 든다면, 아무래도 그 사람은 그 이성이 합당한 대상인지에 대해 이전만큼 자신을 갖지 못할 것입니다. 반대로 해당 인물을 머리에 떠올릴 때마다 기쁨과 만족의 감정이 동반된다면, 그는 자신의 판정이 옳았다고 더욱더 확신할 것입니다. 이처럼 인간의 정서/감정은 우리의 판단과 결정에 직·간접적으로 영향력을 행사합니다.

인간의 정서/감정과 긴밀하게 연접된 신앙활동이 기도입니다. 기도만큼 정서/감정 상태가 뚜렷이 반영되는 경우도 드물 것입니다. 그러므로 시편에 인간의 정서/감정에 관한 표현이 풍성한 것은 지극히 자연스러운 일입니다. 시편에 나타난 기도를 보면 한편으로는 진취적이고 긍정적인 정서/감정이 현시되어 있습니다. 대표적인 단어로서 **기쁨**(시 16:9, 68:3, 126:5), **만족**(시 63:5, 90:14, 107:9), **즐거움**(시 16:3, 51:12, 119:111)이 있습니다. 또 한편으로는 소극적이거나 부정적인 정서/감정도 빈번히 등장하는데, **괴로움**(시 25:16, 88:7, 102:2), **근심**(시 6:7, 25:17, 31:9), **낙심**(시 40:12, 42:6, 43:5), **두려움**(시 31:13, 34:4, 55:5), **불안**(시 38:8, 42:5, 77:3), **슬픔**(시 31:10, 38:6, 90:10) 등이 그 예입니다. 기도할 때 우리의 심령에는 방금 언급한 항목 외에도 평안함, 불편함, 부담감, 죄의식, 우울함, 좌절감 등이 부침을 계속합니다.

그러면 이런 감정들은 우리가 기도를 통해 하나님의 인도를 받는 데 실제적으로 어떻게 작용할까요? 이제 두 가지 정서/감정을 선별하여 이것들이 하나님의 뜻을 확정하는 데 어떤 식으로 이바지하는지 살펴보고자 합니다.

먼저, 불편함-부담감의 경우부터 보겠습니다. A 목사는 성실하고 열정적인 교육 목사로서 과거 4년간 어느 교회에서 일해 왔습니다. 그동안 중고등부 학생들, 주일학교 교사들, 학부모들은 A 목사를 중심으로 끈끈한 유대 관계와 상호 신뢰의 망을 형성하고 있었습니다. 그런데 어느 날 같은 교단의 다른 교회가 매우 파격적인 조건을 제시하면서 A 목사를 스카우트하고자 했습니다. 제시된 조건이나 그를 불러들이려는 교회의 규모를 볼 때 (또 A 목사에게서 곧 태어날 셋째 아이를 생각할 때) 이 청빙은 더할 나위 없는 좋은 기회였습니다. A 목사는 그 교회에서 연락을 받은 직후부터 하나님의 뜻을 분별하고자 기도를 했습니다. 만일 그가 교회를 옮긴다고 해도 A 목사를 탓할 사람은 아무도 없었습니다. 그런데도 기도를 하면 할수록 견디기 힘든 부담감과 불편한 심기가 그의 마음을 옥죄었습니다. A 목사는 이러한 부정적 감정 상태의 지속이, 하나님께서 이번 경우 다른 교회로의 사역지 변경을 원하시지 않는다고 알리시는 시의적절한 힌트임을 되새기지 않을 수 없었습니다. 과연 그 장밋빛 초청을 거절한 후에야 비로소 A 목사는 원래의 평정과 안온함을 되찾을 수 있었습니다.

위의 경우와는 정반대로 기쁨과 즐거움이 하나님의 뜻을 확정하는 데 중요한 역할을 하기도 합니다. B 팀장은 보건위생과 임상병리 분야에서 훈련을 받은 유능한 인재였습니다. 그런데도 보수가 높고 전망이 밝은 상임연구원의 자리를 마다하고 2년간 NGO단체에 합세해 아프리카 지역에서의 봉사활동에 투신하기로 결단을 내렸습니다. 어떻게 하나님의 뜻인 줄 알았느냐고요? 그의 답변은 단순했습니다. "처음에는 봉사활동을 벌일 지역의 사정과 여건만 생각해도 두렵고 떨릴 뿐이었어요. 그런데 막상 기도를 시작하고 나니까 하나님이 저를 그곳으로 인도하신다는 생각이 금세 들었어요. 마음속으로부터 끊임없이 기쁨과 즐거움이 솟구쳤거든요. 제가 그렇게 압도적인 경험을 한 것은 난생 처음 있는 일이었어요." 하나님께서는 B 팀장이 기도하면서 겪은 기쁨과 즐거움의 감정 상태를 하나님 인도의 단서로 알려 주신 것이었습니다.

사태에 대한 전망의 변화

영적 인상의 셋째이자 마지막 항목은 '전망의 변화'에

관한 것입니다. 여기에서 말하는 전망의 변화란 어떤 사안, 사물 혹은 사태에 대해 가지고 있던 기존의 가치관이 달라지는 것을 의미합니다. 인간은 자신이 견지한 수많은 신념들에 대해 자기 나름대로 가치를 부여하며 살고 있습니다. 그런데 우리의 가치 부여는 선호도, 의욕의 강도, 타진된 가망성 등과 긴밀하게 맞물려 있습니다. 다시 말해, 어떤 사안/사물/사태에 대한 선호나 취향, 의욕 및 욕망, 그리고 성취 가능성이 그 대상에 대한 전망을 형성한다는 (또는 무산시킨다는) 것입니다.

사태에 대한 전망을 위와 같이 이해할 때, 우리는 기도를 통해 그런 전망이 수시로 바뀔 수도 있고 바뀌기도 함을 목도합니다. 기도를 하는 중 어떤 사안에 대한 선호도가 줄어들면 그 사안에 대한 전망 자체가 흐려지고, 어떤 사물을 향한 욕구가 기도로 인해 강화되면 그 사물에 대한 전망은 더더욱 광채를 발할 것입니다. 어떤 위협적 사태에 직면하여 기도하면서 사태의 본질적 무의미성을 간파하면, 그 사태에 대한 전망은 180도 달라질 것입니다.

이런 일은 하나님의 인도를 구하는 기도에서도 종종 발생합니다. 회사 대리인 K 씨는 최근에 전근 발령을 받아 소도시인 L시로 이주했고, 새로이 교회를 정하게 되었습니다. 입사 후 몇 년을 격무에 시달려 왔던 터라 교회 선정의 최고 조건은 집에서 가까운 곳이었습니다. 그래야 주일에 쉬기도 하고 시간 활용에 여유가 있을 것 같았기 때문입니다. 그러다가 그 지역 어느 목회자의 방송 설교를 듣고 기도하던 중 '만일 설교자의 메시지가 훌륭해서 정신적 안식을 충분히 누릴 수 있다면, 꼭 교회당이 물리적으로 가까이 있어야 한다고 고집을 피울 필요가 있을까?' 하는 생각이 들었습니다. 아직껏 K 씨가 최종 결정을 한 것은 아니지만, 어쨌든 기도 중에 든 생각 때문에 교회 선정에 대한 그의 전망에는 변화가 시작되었습니다.

사태에 대한 전망을 바꾸어 놓은 기도의 예는, 교회에서는 장로이고 회사에서는 유명한 기업인인 S 이사의 경우가 더욱 극적일 것입니다. S 이사는 기업체들의 조기퇴직 바람에도 불구하고 가능하면 마지막까지 이사의 자리를 고수하겠다고 마음을 먹었습니다. 그런데 바로 3주 전 S 이사의 부친이 췌장암 말기 진단을 받게 되었습니다. 부친은 S 이사와 비슷한 직종에서 관록을 쌓아 온, 어떻게 보면 자신의 롤모델이기도 한 인물이었습니다. 성공한 사업가로서의 당당한 자태만을 보아 왔던 그는, 아버지의 초췌하고 주눅 든 외양에 큰 충격을 받았습니다. 그는 아버지를 위해 기도하기 시작했습니다. 그런데 기도가 깊어짐에 따라 아버지의 모습에 묘하게도 자신이 겹쳐서 나타나곤 했습니다. 그것은 마치 하나님께서 "너도 너의 아비처럼 되고 싶지 않으면 당장이라도 삶의 조건과 목표를 바꾸어야 한다"라고 말씀하시는 것 같았습니다. S 이사는 결국 근무하던 기업체의 이사직을 사임하고 젊은 세대의 일자리 창출을 위한 지원 사업에 헌신하기로 마음을 먹었습니다. 그는 아버지를 위한 기도를 하다가 오히려 인생에 대한 자신의 전망이 통째로 바뀌었습니다.

빗나간 사례: 우려와 대책

현재까지의 내용만을 전부로 생각한다면, 기도 중 확신은 개별적 하나님의 뜻을 분별하는 정당하고도 유력한 방편이라고 할 수 있습니다. 그러나 어떤 이들은 이런 논지를 온전히 수긍하지 못하겠노라고 반응할 것입니다. 그들의 주장에 의하면, 어떤 그리스도인들은 기도 중에 영적 인상을 경험했다고 말하지만, 일의 결과를 놓고 볼 때 결코 그것이 하나님의 인도라고 할 수 없는 경우가 발생한다는 것입니다.

자기기만과 사탄의 궤계

의문 제기자의 주장과 의문은 정당합니다. 기도 중 확신이 하나님의 인도 방편인 것은 사실이지만, 어떤 경우에는 자기기만[자기합리화, 교만, 자기도취 포함]이나 사탄의 궤계[사탄의 시험, 속임수 등] 때문에 야기된 것일 수도 있습니다. 즉 인지적 창안물도, 동반된 정서/감정도, 전망의 변화도 사실은 자기기만으로 말미암거나 사탄의 궤계에 의해 산출될 수 있다는 말입니다. (C. S. 루이스도 우리가 인위적으로 만들어 내는 감정이 사탄의 책략일 수 있음을 그의 책에서 밝힙니다.[1])

자기기만은 바벨론(사 47:10)이나 에돔(렘 49:16)의 문제점이었고, 신약 성경에서도 바울(갈 6:3)과 야고보(약 1:22)에 의해 엄중한 경고를 받고 있습니다. 자기기만은 한편으로는 자기도취(눅 12:16-19)와, 다른 한편으로는 자만/교만(신 8:11-14, 17-19; 단 4:29-30; 겔 28:2-5; 고전 4:6-7)과 연계되어 있습니다. 이렇듯 마음이 교만하고 자기도취나 자기기만에 휩싸여 있으면, 기도 중이라 할지라도 하나님께 기원을 두지 않은 (즉 자아가 스스로 만들어 낸) 영적 각인 현상이 빚어질 수 있습니다.

심지어 잘못된 형태의 기도 중 확신은 사탄에 의해서도

야기될 수 있습니다. 사탄은—때로는 그의 수하인 악한 영이—구약 시대부터 거짓말을 하여 사람들을 속였고(창 3:4 및 계 12:9; 왕상 22:21-22; 참고. 요 8:44), 인간에게 하나님의 뜻과 어긋나는 생각을 주입할 수도 있습니다(마 16:23; 요 13:2). 그렇기 때문에 우리의 심령에 각인되는 인지적 창안물도, 동반된 정서/감정도, 전망의 변화도 때로 사탄이 술수를 부린 결과일 수 있다는 말입니다.

우리 편에서의 대응책

그렇다면 어떻게 해야 위에서 언급한 어려움들에 대처할 수 있을까요? 여기에 무슨 공인받은 왕도나 만병통치의 타개책은 없습니다. 다만 몇 가지 실제적인 대응 방안을 언급하고자 합니다.

첫째, 자기기만과 사탄의 궤계에 의한 그릇된 사례가 자신에게도 일어날 수 있음을 겸허히 인정해야 합니다. 동시에 이런 면에서 늘 정신을 차리고 마음의 준비를 해야 합니다.

둘째, 그렇다고 하여 '그릇된 사례 공포증'이나 '기도 중 확신 기피증'에 빠져서 하나님께 인도받는 일을 소홀히 해서는 안 됩니다. 지나친 두려움이나 비관적 수동성은 구더기 무서워 장 못 담그는, 또 다른 오류를 낳을 것이기 때문입니다. 어차피 우리는 시행착오를 거치며 배우게 되어 있고, 이것은 기도 중 확신을 통한 하나님의 인도도 마찬가지입니다. [베드로가 사탄의 궤계에 효과적으로 대처한 것 (행 5:3; 벧전 5:8)은 과거의 실패(마 16:23; 눅 22:31-34)로부터 배운 덕분입니다.] 그러므로 한편으로는 오류와 실수를 극소화하고자 조심하되 다른 한편으로는 하나님의 인도를 받는 데 적극적이고 진취적으로 기도 중 확신이라는 방편을 사용해야 할 것입니다.

셋째, 우리는 평소에 자기만의 취약점이나 부족함을 명확히 파악하고 있어야 합니다. 그리하여 자기기만이나 사탄의 궤계가 판을 벌이기 전부터 자기 단속을 철저히 해야 합니다. 자신에게서 반복적으로 나타나는 욕심, 교만, 자랑 등의 성향을 파악하고 그런 것들이 어떤 상황이나 처지에서 더욱 기승을 부리는지 숙지하고 있어야 합니다. 그래야만 자기기만이든 사탄의 궤계든 우리의 심령 속에 교두보를 확보하지 못할 것이기 때문입니다.

'기도 중 확신'의 방편이 그릇되게 사용되는 수도 있지만, 그렇다고 하여 이 항목을 무시하거나 포기하는 것은 바람직하지 않습니다. 오히려 이 방편이 합당히 사용되도

록 최선의 노력을 기울임으로써 하나님의 뜻을 분별하는
일에 진보가 있도록 해야 할 것입니다.

자기 평가를 통한
하나님의 인도 _____

실생활 속에서 하나님의 뜻[개별적 하나님의 뜻]을 분별하려면, 다섯 가지의 수단을 활용하는 것이 필요하다고 말했습니다. 5장에서는 셋째 수단/방편인 '자기 평가'에 대해 살펴보려고 합니다.

'자기 평가'에 대한 개요

자기 평가의 의미
_____

'자기 평가'란 '자신을 평가 대상으로 삼는다'는 뜻입니

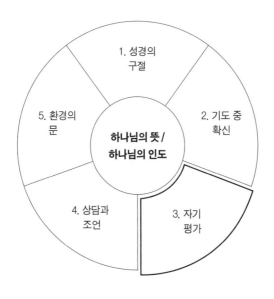

1. 성경의
구절

2. 기도 중
확신

하나님의 뜻 /
하나님의 인도

3. 자기
평가

4. 상담과
조언

5. 환경의
문

다. 즉 자기가 어떤 인물인지, 또 어느 정도나 되는 인물인지 판정하는 일입니다. 자신을 평가하고자 할 때 우리는 여러 가지 사항을 참조할 수 있습니다. 자신의 인격, 신앙, 가족 배경, 도덕성 등이 몇 가지 예입니다. 그런데 개별적 하나님의 뜻을 찾고자 하는 이들의 경우, 다른 무엇보다도 **욕구, 능력, 기질**, 이 세 가지를 자기 평가 항목으로 삼아야 할 것입니다.

자기 평가의 항목

개별적 하나님의 뜻을 분별할 때 제일 먼저 고려해야 할 자기 평가 항목은 자신의 욕구입니다. 여기에서 '욕구desire'란 자신의 소원, 희망, 열망, 꿈 등으로도 지칭할 수 있는 바로서 '인간이 무엇을 얻고자 하거나 하고자 하는 바람'을 의미합니다. 욕구는 경우에 따라 하나님께서 우리를 인도하신다는 지표가 됩니다.

더욱 중요한 평가 항목은 능력입니다. '능력ability'은 '어떤 일을 해낼 수 있는 힘'으로서, 개별적 하나님의 뜻을 찾아가는 데 확실하고도 결정적인 역할을 합니다. 때로는 재능, 은사, 소질, 적성 등 비슷한 단어들로 이 개념을 표현하기도 합니다.

마지막으로 한 사람의 '기질temperament' 또한 하나님의 인도를 받는 일에 그런대로 중요한 단서가 될 수 있습니다. 기질은 '타고난 기품이나 성질'을 뜻하는 말인데, 성격·성향 등의 용어와 유사성을 공유합니다.

세 가지 평가 항목이 전혀 다른 요소이지만, 실제로는 한데 어울려 자신이 어떤 인물인지를 보여 줍니다. 따라서 이 세 가지를 별도의 논의 대상으로 삼되 하나님의 뜻을 가리키는 면에서는 함께 고려하도록 하겠습니다.

욕구와 하나님의 뜻/인도

두 가지 질문

욕구와 하나님의 뜻/인도 사이에 어떤 관계가 존재하는지 알아보려면, 다음과 같은 두 가지 질문을 던져 볼 수 있습니다. 예를 들어, 의사가 장래 직업인 청년 A가 하나님의 뜻을 찾고 있다고 합시다.

질문 1. 평소 A는 마음속에 의사가 되고 싶은 욕구나 소원을 거의 품어 온 적이 없는데, 의사가 되는 것이 A에게 하나님의 뜻일 수 있을까?

질문 2. A의 마음속에 의사가 되고 싶은 강렬한 욕구와 소원이 오랫동안 자리 잡아 왔는데, 그러면 A가 의사 되는 것은 하나님의 뜻인가?

질문 1의 경우에는 대부분의 사람들이 "그렇지 않다"라는 타당한 답을 할 것입니다. 의사가 되는 것이 하나님의 뜻인데, 평소에 그런 욕구(소원)를 거의 품어 보지 않았다는 것은 납득이 가지 않는 일입니다.

그러면 질문 2에 대해서는 어떻게 답을 할 수 있을까

요? 이 경우는 답변을 제시하기가 쉽지 않습니다. 그 이유
는 성경이 인간의 욕구를 긍정과 동시에 부정적으로도 평
가하고 있기 때문입니다.

욕구: 두 가지 각도에서의 고찰

욕구가 하나님의 뜻임을 나타낸다는 주장

어떤 이들은 질문 2에 대해 긍정적으로 답하고자 할 것
입니다. 그렇게 생각하는 이유에 대해서는 최소 두 가지
방면의 성경적 근거를 제시할 것입니다.

첫째, 하나님께서는 우리의 내면에 살아 역사하시면서
모종의 욕구를 일으키는 분이기 때문이라는 것입니다. 빌
립보서 2장 13절은, "**너희 안에서 행하시는 이는 하나님이시니**
자기의 기쁘신 뜻을 위하여 **너희에게 소원을 두고** 행하게
하시나니"라고 되어 있는데, "너희에게 소원을 두고"는
'너희로 하여금 욕구(소원)를 갖도록 하시고'라는 의미입
니다. 하나님께서 그리스도인들 안에 내주하셔서 하시는
일 가운데 하나는 그리스도인들로 하여금 욕구(소원)를 갖
도록 하시는 것입니다. 이처럼 욕구를 일으키시는 분이
하나님이시기 때문에 그 욕구의 내용이 하나님의 뜻임을
알 수 있다는 설명입니다.

둘째, 하나님께서는 우리 마음의 소원을 이루어 주시는 분이기 때문입니다. 하나님께서는 우리 마음의 소원을 들어 주시기도 하고(시 21:2, 103:5, 145:19), 또 들어 주시겠다고 약속도 하십니다(시 37:4). 이처럼 하나님께서는 우리의 마음속에 욕구(소원)를 일으키시기도 하고, 또 우리가 마음속으로 소원하는 바를 이루어 주시기도 하는 분이기 때문에, 우리에게 욕구나 소원이 있으면 그것을 하나님의 뜻으로 여길 수 있다는 것입니다.

욕구가 반드시 하나님의 뜻을 나타내는 것은 아니라는 주장

그러나 위의 설명은 욕구에 관한 성경의 가르침을 일면적으로만 묘사한 졸견抽見에 지나지 않습니다. 왜냐하면 하나님께서는 악한 욕구는 그 누구의 것이든 부정적으로 취급하시고, 어떤 경우에는 하나님의 사람들이 품은 욕구라도 물리치시기 때문입니다.

첫째, 하나님께서는 악인의 욕구든 하나님 자녀의 악한 욕구든, 그릇된 욕구에 대해서는 부정적 판정을 내리십니다. 한때 다윗은 이스라엘 백성을 계수함으로써 죄를 범한 적이 있는데, 실은 이것이 사탄의 충동—사탄이 그런 욕구를 자극했다는 뜻임—에 의한 것이었습니다(대상 21:1). 또, 하나님께서는 악인의 소욕(소원, 욕구)을 배척하십니다(잠 10:3). 신약 성경에서 바울은 타락한 본성이 추동하는 욕구[육체의 소욕]는 성령 하나님의 욕구와 적대 관계에 있다고 말합니다(갈 5:17). 그렇다면 이런 욕구들은 결코 하나님의 뜻이 될 수 없습니다.

둘째, 하나님의 사람들이라도 마음의 소원이 거부된 경우가 있습니다. 모세는 가나안 땅에 들어가고 싶은 욕구가 절절했고(신 3:25), 다윗은 여호와의 성전을 지으려는 마음(소원)이 강렬했으며(왕상 8:18), 바울은 낙원 경험 후 육체의 가시가 제거되기를 간절히 바랐습니다(고후 12:8). 하지만 그들의 소원은 모두 하나같이 거부를 당했습니다. 모세에게는 가나안 진입이, 다윗에게는 성전 건축이, 바울에게는 육체의 가시 제거가 하나님의 뜻이 아니었던 것입니다.

전반적 평가

그러면 우리는 욕구와 하나님의 뜻/인도 사이에 어떤 관계를 설정할 수 있을까요? 다시금 장래의 직업 문제로 고민하는 A 청년의 경우로 돌아가 봅시다. 만일 A의 마음속에 의사가 되고자 하는 욕구나 소원이 전혀 없었다면, 십중팔구 의사라는 직종은 그를 향한 하나님의 뜻이 아니라고 결론을 지어야 할 것입니다.

반대로 그의 마음속에 의사가 되고 싶은 욕구가 강하게 자리 잡고 있다면, 어떤 판정을 내려야 할까요? 성경의 가르침에 의거할 때 무조건적으로 "하나님의 뜻이다!" 혹은 "하나님의 뜻이 아니다!"라고 말할 수가 없습니다. 여기에서 저는 욕구의 타당성 여부와 관련하여—비록 너무 단순화하는 것처럼 보이기도 하지만— 중요한 기준 (혹은 조건) 한 가지를 제시하고자 합니다. 이 조건이 갖추어지면 욕구가 하나님의 뜻과 연관되는 것으로 판정할 수 있을 것입니다. 그것은 A에게 의사가 되고 싶어 하는 욕구의 주된 동기가 무엇이냐는 것입니다. 만일 그가 의료 봉사를 통해 이웃과 사회를 섬기려는 의향을 마음 깊숙이 견지하고 있다면, 그의 욕구는 대체로 하나님의 뜻과 맞닿아 있다고 보아야 할 것입니다. 반면에 그가 돈과 명예와 으스대는 삶에 매력을 느껴서 의사가 되고자 한다면, 그의 욕구는 오히려 하나님의 뜻을 거스르는 것으로 귀착될 가능성이 큽니다.

그렇다면 결국 욕구는 하나님의 뜻과 관련하여 필요조건은 되지만 충분조건은 아니라고 할 수 있습니다.

능력과 하나님의 뜻/인도

능력에 대한 이해

'능력能力, ability'은 그저 일반적인 힘power이 아니고 어떤 일을 제대로 해낼 수 있는 재능이나 솜씨를 가리킵니다. 능력을 이렇게 묘사하면, 다른 두 가지 단어—적성과 은사—가 함께 연상됩니다. '적성適性, aptitude'은 '어떤 일에 알맞은 성질이나 소질'을 의미하고, '은사恩賜, gift'는 지금 언급하고 있는 재능/솜씨가 하나님의 선물임을 강조하는 말입니다. 따라서 '능력'을 '적성'이나 '은사' 등을 함께 아우르는 용어로 간주해도 별 무리가 되지 않을 것입니다.

능력/적성/은사의 구체적인 예를 들면 다음과 같습니다.

- 가르침: 교훈하고 깨닫게 하고 안내하며 배움을 촉발시킴.
- 분석: 범주화·체계화·분해·분류·평가를 함.
- 창안: 발명·고안·구상·관념화·개념화.
- 조직: 일정 짜기, 기획, 주선, 조정, 목표 설정하기.
- 협상: 흥정·합의·타협함.
- 감독: 지도·주관·통찰·명령·인도함.
- 감정 이입: 다른 이의 말을 경청하고 그를 이해하고 받아 줌.

• 돌봄: 보살핌, 양육, 치유.

능력/적성의 중요성

이러한 능력이나 적성은 우리의 인생이 어떻게 펼쳐져야 할지 가늠하는 데 왜 결정적인 단서를 제공할까요? 최소 두 가지 이유를 생각해 볼 수 있습니다.

첫째, 능력과 적성은 다른 어떤 특성보다도 그 사람의 본질을 제대로 반영하는 요소가 되기 때문입니다.[1] 우리의 욕구, 흥미, 관심사, 기질, 가치관 등도 우리가 어떤 인물인지를 말해 주지만 능력/적성만큼 본질적 지표 노릇을 하지는 못합니다. 그도 그럴 것이 비록 능력과 적성이 후천적 요인에 의해 발현되기는 하지만, 사실은 태어나면서부터 잠재된 특질인 까닭입니다. 이런 선천적 잠재성 때문에 이 능력은 '소질素質'로도 알려져 있습니다.

그리스도인들은 심지어 하나님께서 우리의 본바탕 가운데 능력이나 적성을 심어 놓으셨다고까지 표현할 수 있을 것입니다. 이런 능력은 아주 어릴 때부터 그 징후를 드러내고 취미와 관심사로 발전하며 종종 전공을 선택하는데도 영향을 미칩니다. "될성부른 나무는 떡잎부터 알아본다"라는 말이 여기에도 해당됩니다. 능력과 적성이 이처럼 하나님께서 의도했기에 발현되는 것이라고 한다면, 왜 이를 통해 하나님의 뜻을 분별하는 것이 과하다고 하겠습니까?

둘째, 성경에서는 하나님의 사명을 감당하는 인물들에 대해 어떤 능력이나 자격 조건을 연계시키기 때문입니다. 구약의 인물 가운데 요셉은 명철과 지혜 때문에(창 41:39) 애굽의 총리가 되었고, 브살렐과 오홀리압이 성소 건립 관련의 모든 업무를 맡은 것은 지혜와 재주를 갖추었기 때문이며(출 31:2-6), 다니엘이 모든 지혜자의 수장으로 발탁된 것(단 2:48)도 환상과 꿈에 대한 해석 능력 때문이었습니다(단 1:17). 신약에서는 교회 일꾼의 자격 조건 가운데 그 인물의 수행 능력을 반드시 포함시킵니다. 예루살렘 교회의 일곱 일꾼은 구제 사역을 도맡아 할 수 있는 이들(행 6:2-3)이었고, 장로들은 다스림과 가르침의 능력/은사가 있어야 했습니다(딤전 5:17).

따라서 능력/적성/은사는 하나님께서 그리스도인들을 인도하시는지 아닌지에 대한 판정의 기준이 됩니다. 어떤 그리스도인에게서 특정한 능력과 은사가 발견된다면, 그것은 하나님께서 그를 어떤 임무와 사명으로 인도하신다는 징표로 받아들일 수 있을 것입니다.

능력/적성/은사의 타진

하나님께서 나를 어느 쪽으로 이끄시는지 알기 원한다면, 내게 허락된 능력과 적성 혹은 은사가 무엇인지 가능하면 정확히 파악하는 일이 선행되어야 합니다. 우선 이것은, 어린 시절부터 지금까지 내가 무엇을 잘 해냈는지 곰곰이 생각하고 정리함으로써 파악할 수 있습니다. 남들은 어렵다고 하는데 자신은 쉽사리 할 수 있었던 것들이 무엇인지, 무엇을 즐겼고 성취한 후 만족감이 느껴졌는지, 정신을 홀딱 빼앗길 정도로 빠졌던 일이 무엇인지 목록을 작성하는 것도 도움이 됩니다.

또 현재 내가 공동체에서 하고 있는 바를 객관적이고 현실성 있게 평가해 보는 것도 중요합니다. 지금 교회나 일터에서 맡고 있는 일이 무엇인지, 어떻게 해서 그런 일을 맡게 되었는지, 그 일과 관련한 보람이나 만족/불만족 사항은 무엇인지, 나의 수행 능력에 대한 주위의 인상이나 평판은 무엇인지 솔직하고 자세하게 알아보는 것을 말합니다.

자신의 능력/적성/은사가 무엇인지 파악해 내는 정도만큼 자신을 향한 하나님의 뜻을 좀 더 정확히 분별할 수 있을 것입니다.

기질과 하나님의 뜻/인도

기질의 핵심 아이디어

'기질氣質, temperament'은 사람의 행동이나 성격에서 뚜렷하게 드러나는 유전적·생물학적·감정적 경향을 의미합니다. 기질은 두 가지 특성을 지니는데, 하나는 '타고나는' 것으로서 이미 태어날 때부터 갖추어져 있음을 말해 줍니다. 기질의 둘째 특성은 그것이 본질적으로 하나의 성향이라는 점입니다. 기질은 어떤 행동이나 품성을 일으키는 경향인 바 별도의 의식적 노력과 상관없이 (또는 그런 노력을 하기 전에) 저절로 형성됩니다. 즉 자신의 바탕 속에 어떤 행동이나 품성을 발현하기에 적합한 조건과 상태가 마련된다는 것입니다.

종종 기질과 함께 등장하고 동류로 간주되는 말로서 '성격'이 있습니다. 그러나 성격과 기질은 뚜렷이 구별되는 개념입니다. '성격性格, character'은 각 개인이 지닌 특유한 성질이나 품성으로서, 타고난 것뿐 아니라 후천적으로 획득되는 특질들[태도, 신념, 가치관]도 포함합니다. 또 성격은 이미 외부로 표출되거나 발현된 특질들로 구성된다는 점에서, 그렇게 외형화되기 이전의 성향인 기질과 차별화가 됩니다.

기질의 유형들

인간의 기질이 무엇이고 어떤 특색을 나타내는지, 또
이런 기질을 어떻게 범주화할지에 대한 관심과 논의는 인
류의 역사만큼이나 오랜 것으로 알려져 있습니다. 한국의
기독교계를 염두에 두자면, 1970-80년에는 히포크라테
스의 이론에 기초한 네 가지 유형론—다혈질, 담즙질, 우
울질, 점액질—이 유행했습니다.[2] 그러다가 1990년대부
터 에니어그램의 아홉 가지 유형론이 일반 사회와 교회를
풍미했습니다.[3] 2000년대로 접어들어 MBTI 성격 유형 검
사Myers-Briggs Type Indicator가 소개되면서, 16가지 유형 이론이
한창 관심을 끌고 있습니다.[4]

저는 이런 유형들의 타당성이나 이론적 취약성을 평가
할 의향도 자격도 없습니다. 그러나 아주 상식적인 차원에
서 두 가지만은 언급하고자 합니다. 첫째, 이러한 유형 이
론은 자신과 타인을 이해하는 데 어느 정도는 깨우침을 주
고 가이드라인이 될 수 있습니다. 둘째, 그러나 어떤 한 유
형론을 너무 심각히 받아들이거나 특정 유형론에 집착하는
것은 이론상으로나 실제적으로나 바람직하지 못합니다.

기질의 제한적 유용성

기질은 능력/적성에 비해 하나님 뜻에 대한 지표적 기능이 상당히 처집니다. 그러면 기질은 우리 인생—예를 들어, 직업 선택 같은 분야—에서 하나님의 뜻을 찾는 데 아무런 도움이 되지 않는 것일까요? 꼭 그렇지는 않습니다. 편의상 큰 영역에서의 하나님 인도와 작은 영역에서의 하나님 인도로 대별하여 살펴볼 때, 기질은 내가 목회자가 되느냐, 컴퓨터 전문가로 남느냐 하는 사안[큰 영역]과 관련해서는 별로 의미 있는 지표가 되지 못합니다. 이때는 능력/적성과 정당한 욕구가 훨씬 더 중요합니다. 그러나 일단 목회의 길로 들어서라는 하나님의 인도를 확인했다고 합시다. 어느 교회에 부임한 후 제자훈련 사역에 투신할지 아니면 상담 사역에 참여할지의 문제[작은 영역]에서는 자신의 기질이 어떤지가 어느 정도 비중 있는 역할을 할 것입니다. 이렇듯 기질은 하나님의 뜻을 분별하고 하나님의 인도를 받는 데 제한적인 역할을 한다고 볼 수 있습니다.

결론적으로, 자기 평가는 개별적 하나님의 뜻을 분별하는 일과 어떻게 연관이 될까요? 하나님의 인도를 확인하는 데 가장 중요한 항목은 능력/적성입니다. 그다음으로 중요한 것은 욕구—합당한 욕구—입니다. 기질은 큰 영역에서의 하나님 뜻이 결정된 후 작은 영역에서 다시금 하나님의 인도를 받는 데 다소 도움을 줄 수 있습니다.

상담과 조언을 통한
하나님의 인도 _____

6장에서는 개별적 하나님의 뜻을 찾을 수 있는 수단 가운데 '상담과 조언'에 대해 살펴보겠습니다.

'상담과 조언'에 대한 설명

상담과 조언의 정의
_____

여기에서 말하는 '상담'이 꼭 공식적 형태의 면담이나 전문가에게 받는 특정 분야에서의 지도를 의미하지는 않습니다. 상담은 영어 단어 'counsel'에 해당하는 말로서,

전문적 의미의 상담은 물론 그저 일반 경험자에게서 듣는 '조언이나 충고'라는 뜻도 있습니다.

우선 '상담과 조언'이라는 어구가 엄청나게 포괄적인 개념이라는 사실에 주의를 환기하고자 합니다. 이 표현에는 세 가지 사항이 포함됩니다.

첫째, 기원상 나 아닌 다른 이에게서 발원한 것임을 나타냅니다.

둘째, 성격상 나의 처지·조건·상황에 대해 새로운 관점이나 방침을 추천/소개하는 일입니다. 이렇게 볼 때 '상담과 조언'은 전문가적 소견과 비전문가의 의견을 가리지 않습니다.

셋째, 나이나 신분/직위에 따라 서로 달리 사용되는 모든 용어를 망라합니다. 한국 문화에서는 어떤 이에 대해 다른 의견을 말할 때 상대방과의 연령이나 관계에 따라 사용되는 낱말이 달라집니다. 예를 들어, 손윗사람이 손아랫사람에게 이견을 표시할 때는 '조언', '충고', '권고' 등의 낱말을 사용하고, 반대로 하급자가 상급자에게 다른 의견을 표명할 때는 '건의', '헌의獻議', '간언'이라는 용어를 씁니다.

이 장에서 '상담과 조언'은 이런 모든 개념을 총칭하는 표현으로, 논평이나 코멘트처럼 연령/관계 중립적age/relation-neutral인 용어까지도 포괄하는 것으로 이해하고자 합니다.

상담과 조언의 대상

상담이 꼭 전문가적 소견이 아님은 앞에서 밝혔습니다. 그렇다면 상담과 조언은, 인생의 무르익은 경험이나 신앙적 연륜 덕분에 도움을 줄 수 있는 이라면 누구나 실천이 가능한 활동입니다. 곧 부모, 신앙의 선배, 동역자, 기독교 지도자가 이에 해당합니다. 비록 이들이 전문가는 아니지만 나를 잘 알고 있고, 나에 대해 관심이 많으며, 궁극적으로 내가 잘되기를 바라는 이들이기 때문에, 하나님의 인도와 관련하여 나에게 상담이나 조언을 해 줄 수 있는 것입니다.

상담과 조언의 내용

그러면 상담과 조언은 무엇에 대한 것이어야 할까요? 이에 대해서는 최소 두 가지 방면으로 언급할 수 있습니다.

첫째, 하나님의 인도를 받아야 할 영역에 따라 조언을 구하거나 얻을 수 있습니다. 새로이 정할 교회, 은퇴 후 창업, 사춘기 자녀에 대한 신앙 교육, 재테크 문제, 데이트와 이성 교제, 해외 연수 등이 몇 가지 예입니다.

둘째, 개별적 하나님의 뜻을 분별하는 방편들과 관련해서도 조언이 필요합니다. 즉, 개별적 하나님의 뜻을 분별하는 방편으로 앞에서 제시한 여타의 항목들과 연계해 생각해야 한다는 말입니다. 이 주장을 구체화하면 다음과 같습니다.

• 성경의 구절과 관련한 조언/충고.

- 기도 중 확신과 관련한 조언/충고.

- 자기 평가와 관련한 조언/충고.

- 환경의 문과 관련한 조언/충고.

상담과 조언의 필요성

왜 다른 이들에게 조언을 듣는 것이 필요할까요? 세 가지 정도의 이유를 찾을 수 있을 것입니다.

첫째, 조언을 듣기 위해 어떤 사안을 설명하다 보면, 그 사안에 대한 자신의 태도와 관념이 어떠한지 명확한 정리를 할 수 있게 됩니다. 이것이 하나님의 뜻을 분별하는 데 즉각적인 기여를 하지 않을지는 모르지만, 장기적 관점에서는 매우 중요한 예비 조건이 됩니다. 인도받고자 하는 사안에 대한 이해가 흐리멍덩하면 하나님께서 단서를 주셔도 그냥 지나칠 수 있기 때문입니다.

둘째, 조언은 우리가 부가적으로 필요로 하는 정보와 통찰력을 제공하곤 합니다. 사람은 자신이 아무리 성숙하다고 해도 빠짐없는 정보와 완벽한 통찰력을 갖출 수가 없습니다. 이때 다른 이가 하는 조언으로 말미암아 자신이 몰랐던 정보를 제공받기도 하고, 자신에게 허락되지 않았던 통찰력을 획득하기도 합니다. 이로써 하나님의 뜻을 정확히 분별하는 일에 진보가 이루어지는 것입니다.

셋째, 조언은 하나님의 인도를 받는 데에 개재되는 실수나 결함을 예방하거나 보정해 줍니다. 우리 모두는 자기 특유의 선입견이나 맹점을 가지고 있어서 때로 억단하기도 하고 편향된 조치를 정당화하기도 합니다. 이것은 하나님의 뜻을 발견하는 데서도 수시로 발생합니다. 이때 우리를 잘 아는 이가 시의적절한 조언을 해 줄 경우, 우리의 눈에서 비늘이 벗겨지고 사태를 좀 더 현실적으로 조망할 수 있게 됩니다. 조언은 이런 면에서도 필수불가결한 장치라고 하겠습니다.

성경의 증거

성경은 조언이나 권고의 중요성을 여기저기에서 직간접적으로 언급합니다.

첫째, 잠언에서는 합당한 권고가 가져다주는 유익을 거론하며 권고를 강력히 추천합니다.

잠 19:20 **너는 권고를 들으며 훈계를 받으라**. 그리하면 네가 필경은 지혜롭게 되리라.

잠 27:9 기름과 향이 사람의 마음을 즐겁게 하나니 **친구의 충성된 권고가 이와 같이 아름다우니라.**

비록 잠언의 구절이 하나님의 인도를 받는 맥락에서 주어진 것은 아니지만, 그 가르침의 요체는 얼마든지 하나님의 뜻을 분별하는 일에도 적용할 수 있습니다.

둘째, 성경의 어떤 기사를 보면 제대로 된 조언과 권고가 하나님의 인도를 받는 데 얼마나 중요한지 깨우쳐 줍니다. 먼저는 구약의 예로서, 모세의 경우부터 시작하겠습니다. 한때 모세는 출애굽한 이스라엘 백성을 재판하느라 혼자서 안간힘을 쏟고 있었고, 백성들은 아침부터 저녁까지 모세 곁에 서 있었습니다(출 18:13). 그는 그때까지 모든 백성의 쟁의 사항을 혼자서 담당하고 있었던 것입니다. 이에 모세의 장인 이드로는 모세의 방도가 합당하지 않음을 지적하고(17-18절), 모세 밑에 천부장·백부장·오십부장·십부장을 세워 작은 사안의 재판은 그들에게 위임하라고 제안합니다(21-22절). 모세는 장인의 조언을 고스란히 수용함으로써(24-26절), 자신·백성의 우두머리·이스라엘 백성을 향한 하나님의 뜻을 명확히 분별하고 그대로 좇을 수 있었습니다.

구약의 또 다른 사례는 아람 왕의 군대 장관 나아만에

대한 것입니다. 나병에 걸려 고통을 받던 나아만은 자기 집에서 아내의 수종을 들던 이스라엘 소녀로부터 이스라엘에 나병을 치유할 신통한 능력의 선지자가 있다는 말을 듣습니다(왕하 5:1-3). 이에 나아만은 아람 왕에게 사정을 호소하고, 이스라엘 왕에게 보내는 친서와 함께 결국에는 엘리사를 찾아갑니다(4-9절). 그런데 엘리사가 나아만의 예상과 달리 요단강에 몸을 일곱 번 씻으라는, 어처구니없어 보이는 처방을 전하자 나아만은 화가 나서 그 자리를 뜹니다(10-12절). 이때 나아만의 종들이 그보다 더한 조치가 내려졌어도 순종해야 마땅하지 않겠느냐는 매우 지혜로운 간언으로 그를 말립니다(13절). 나아만은 종들의 말을 들었고, 종들의 현명한 충언 덕분에 자신의 전격적 치유와 회심에 대한 하나님의 인도를 받을 수 있었습니다.

조언과 권고가 하나님의 뜻을 밝혀 주는 사례는 신약에도 나타납니다. 사도들이 예루살렘에서 벌이는 왕성한 증거 활동에 격노한 산헤드린 공의회는, 사도들을 처형하려는 일촉즉발의 위기 상황을 연출합니다(행 5:33). 그때 존경받는 율법교사 가말리엘은 그렇게까지 극단적 조치를 취하지 말고 당분간 그들을 그저 관망하는 것이 낫겠다고 혁신적인 의견을 표명합니다(34-35, 38절). 그들의 활동이 단지 인간 본위적 기원에 기반을 두었으면 미구에 쇠할 것이고, 신적 섭리의 일환이라면 하나님을 대적하는 행위가 될 터이기 때문이라는 것이 그 근거였습니다(38-39절). 가말리엘의 현명한 조언은 하나님의 뜻이 어떠한 것인지를 분별할 수 있는 귀중한 수단과 단서로 작용했습니다.

조언의 위력은 예루살렘 공의회에서도 혁혁히 드러납니다. 이방인의 구원 방도 문제를 놓고 갑론을박하던 초대교회의 지도자들은, 우여곡절 끝에 이방인도 주 예수의 은혜로 말미암아 구원받는다는 복음의 진리에 승복하고 말았습니다(행 15:11-12). 그러나 각 성마다 안식일에 모세의 율법을 읽는 열심파 유대인들이 있음을 감안하여, 야고보는 네 가지 사항의 금지 조항을 부가하는 것이 어떻겠느냐고 자신의 의견을 밝힙니다(19-21절). 이로써 복음의 순수한 내용도 지키고 율법에 열심 내는 이들을 불필요하게 거스르지 않는 방도가 마련되었습니다. 바로 이렇게 하나님의 공동체적 인도에 정점을 찍은 것이 야고보의 의견(권고)이었습니다.

이처럼 성경은 교훈과 사례를 통해 조언이나 권면의 중요성을 증거하고 있습니다.

조언과 판정

조언의 한계

지금까지 성경상의 증거를 통해 조언의 유익과 중요성을 살펴보았습니다. 그렇지만 사람들의 조언과 권고가 하나님의 뜻을 분별하는 데 무제한적인 가치를 갖는 것은 아닙니다. 어떤 경우에는 조언이나 권고가 하나님의 뜻과 일치하지 않기도 합니다. 조언의 한계는 두 가지 방면으로 나타납니다.

첫째, 조언의 제공자가 미성숙해 있을 때 그 권고 내용은 바람직하지 않은 방침을 형성합니다. 솔로몬의 아들 르호보암이 통치를 시작할 때 그는 자기와 함께 자라난 소년들의 자문을 받아들여 초强혹정 정책을 펼치겠다고 공언합니다(왕상 12:10-14). 이에 이스라엘 백성은 르호보암과 다윗의 집을 배척하게 됩니다(16, 19절). 소년들의 권고 내용은 하나님의 뜻과 멀어도 한참 멀었던 것입니다.

또, 어떤 그리스도인 직장 여성이 우연히 참석한 컨설팅 모임에서 매력적인 남성을 만나게 되어 교제를 시작했습니다. 얼마 있다 알고 보니 그는 유부남이었습니다. 그 여성은 고민 끝에 자기가 좋아하는 학교 선배를 찾아가 의

논을 했습니다. 그런데 그 선배는 마음이 이끄는 대로 따르라며 그 후배 여성의 켕긴 심정을 그릇되게 다독였습니다. 그리스도인이라고는 하지만 자유연애의 이상론에 심취해 있던 선배에게 조언을 구한 것이 문제였습니다.

둘째, 조언을 하는 이가 신앙적으로 합당하고 선의를 보이는 경우라 할지라도 그 조언을 수용하지 말아야 할 때가 있습니다. 사도 바울은 3차 전도여행을 끝내면서 파송 교회가 있던 안디옥으로 복귀하지 않고, 이번에는 예루살렘으로 향합니다(행 21:4). 가이사랴에 도착하자 선지자 아가보는 말할 것도 없고 빌립의 집에 머물러 있던 모든 이들이 "바울에게 예루살렘으로 올라가지 말라"(12절)라고 권합니다. 그것은 바울이 예루살렘에 도착하면 분명 죽임을 당할 공산이 컸기 때문입니다. 그러나 바울은 예루살렘 성도들을 위한 여러 교회의 헌금을 가지고 있던 터라(롬 15:25-26; 고전 16:3) 필히 예루살렘행을 고수하지 않을 수 없었습니다. 비록 바울을 진심으로 아끼고 돕고자 한 이들의 간곡한 권고이었지만, 바울은 그 권고를 받아들이지 않았던 것입니다.

또 아볼로 역시 바울의 권고를 수용하지 않은 때가 있었습니다. 이는 "형제 아볼로에 대하여는 **그에게 형제들과 함께 너희에게 가라고 내가 많이 권하였으되 지금은 갈 뜻이 전혀 없**

으나 기회가 있으면 가리라"(고전 16:12)라는 내용에 나타
납니다. 바울은 당시 에베소에 함께 있던 아볼로에게 고
린도로 가라고 여러 번 권고했지만, 어떤 이유인지 아볼
로는 바울의 권고를 받아들이지 않고 그냥 머물러 있었던
것 같습니다.

위에서 언급한 내용은 조언의 한계를 구체적으로 보여
줍니다.

판정의 중요성

조언이나 권고가 유익과 더불어 한계를 가지고 있다는
점은, 우리가 조언/권고를 양단all or nothing 간의 사안으로
이해하지 말아야 함을 가르쳐 줍니다. 오히려 조언/권고
는 개연성의 정도에 따라 그 가치를 매겨야 합니다. 바로
여기에서 조언을 받는 이의 판정이 중요한 요소로 등장합
니다. 주어진 조언의 경우, 그 개연성이 높으면 조언 내용
이 하나님의 뜻에 근접할 가능성이 크고, 개연성이 낮아
보이면 그 조언 내용이 하나님의 뜻으로 밝혀질 가능성도
희박해집니다.

조언에 어느 정도의 개연성을 부여하느냐, 조언을 어느
정도까지 수용해야 하느냐의 문제는 조언자가 부모나 신

앙 공동체의 지도자일 경우 훨씬 더 어려운 사안으로 부각됩니다. 대체로 부모나 신앙 지도자는 조언의 대상을 잘 알고 있고 그들의 장래와 안녕에 깊은 관심을 보이고 있기 때문에, 종종 그들이 제공하는 조언이나 권고는 거부하기가 힘듭니다. 게다가 조언의 영역이 직업이나 결혼 등 인생의 대사인 경우 그 중요성과 순응에의 부담은 이만저만한 것이 아닙니다.

그러나 부모의 위상이 아무리 중요하고 그들의 인생 경험이 매우 풍부하다고 하여도, 부모의 조언과 권고를 100퍼센트 그대로 수용해야 하는 것은 아닙니다. 부모 역시 한 인간이기 때문에 조언을 듣는 이는 그 개연성을 현실적으로 판정해야 합니다. 특히 직업이나 결혼과 관련하여 부모가 자신의 욕망을 은근히 (아니면 부지중에) 자식에게 투사하고 확장하는 수가 적잖이 발견됩니다. 또 전통적 가치에 심취한 부모일수록 혼사나 직장의 문제를 가족(혹은 가문)의 위신과 체면에 입각해 조망하려는 문화적 습성이 강합니다. 안타깝게도 그리스도인 부모이면서도 비그리스도인의 경우와 큰 차이가 없는 양태를 보이기도 합니다. 심지어 "내가 너를 위해 얼마나 오랫동안 기도해 왔는지 아느냐?" 하며 신앙적 위협(?)까지 동반하는 수도 있습니다.

물론 그렇다고 하여 부모의 조언과 권고를 항시 의심적게 여기라든지 무조건 부정적으로 대하라는 뜻은 아닙니다. 누가 조언했느냐보다는 무슨 내용으로 조언했느냐가 훨씬 중요하다고 말하는 것입니다. 또 그리스도인은 건전한 분별력을 가지고 부모의 조언과 권고를 판정해야 한다고 말하는 것입니다. 조언의 내용이 합당하고 현실성 있게 여겨진다면 부모의 것이니만큼 더욱 기꺼이 좇아야 할 것이고, 불행히도 그렇지 않다면 정중한 태도로 불응의 뜻을 밝히고 이유를 설명해야 할 것입니다.

1980년대 중반에는 그리스도인 젊은이들이 장래의 진로와 관련하여 부모의 기대를 저버리는 사태가 드물지 않게 발생했습니다. K는 대학교 2학년 때 번역 선교의 중요성을 깨닫고, 약 1년의 방황과 고민 후에 부모님께 자신의 소신을 밝혔습니다. 아버지가 교회의 장로이고 어머니가 권사였지만, 아버지는 K의 결단에 대해 강하게 반대했습니다. 외아들인 데다가 장래가 촉망되는 실력의 소유자였기에, 아버지는 그로부터 탁월한 과학자의 경력을 기대하고 있었던 것입니다. 평소에 존경하고 든든히 여기던 아버지였지만, 자신의 장래와 관련한 조언과 충고만큼은 수용하기 힘들다고 판정했습니다. 그로부터 2년 후에야 K는 아버지를 설득할 수 있었고, 아버지는 아들의 장래에 관한 자신의 전횡적 견해를 철회했습니다.

이러한 권위적 존재의 조언이나 권고는 신앙 지도자의 경우에도 비슷하게 작용합니다. 역시 과거의 사례를 일별하자면, 어떤 선교 단체의 지도자는 손아래 후배들에게 결혼 대상자를 지목하여 소개하곤 했습니다. 그의 조언과 권고를 접한 당사자들은 권위의 무게에 못 이겨 그런 조언을 여과 없이 수용했습니다. 물론 지도자들의 조언과 권고에 무조건 반기를 들라거나 일고의 가치조차 없는 것으로 백안시하라는 말은 아닙니다. 이 경우에도 조언에 대한 판정이 중요합니다. 결혼의 대상으로 소개된 인물이 자신에게 적합하다고 판정이 된다면, 얼마든지 그 조언을 수용하여도 문제될 것이 없다고 생각합니다. 동시에 적합하지 않은 결혼 상대라면 그 조언에 대해 거부 의사를 표명하는 것이 마땅한 태도일 것입니다.

결론적 제안

결국 조언과 권고의 문제는 그 조언을 어떻게 판정하고 어떤 결정에 이르느냐 하는 문제로 귀착이 됩니다. 이 복잡한 사안에 어찌 쉬운 길이 있겠습니까마는 저는 세 가지 단계로 합당한 과정을 묘사하고자 합니다.

첫째, 평소의 신앙생활 가운데 조언이나 권고에 대해 자기 나름대로의 견해/관점을 형성하고 있어야 합니다.

둘째, 다른 이의 조언과 권고를 무조건 배척하거나 무조건 수용하지 말고 어느 정도까지 타당성을 부여할지 늘 자기 주체적으로 판정해야 합니다.

셋째, 조언과 관련한 최종 결정의 책임은 자신에게 있음을 의식·인정함으로써 혹시 예상 밖의 사태가 발생하더라도 다른 이를 탓하지 않도록 해야 합니다.

이 세 가지 단계가 판정의 어려움을 아주 해소해 주지는 못하겠지만, 우리의 판정 행위가 좀 더 원숙하고 균형 잡히도록 도와줄 것입니다.

환경의 문을 통한
하나님의 인도 _____

개별적 하나님의 뜻을 분별하기 위하여 어떤 방편들을
활용할 수 있는지, 지금까지 네 장에 걸쳐 탐색을 시도했
습니다. 마지막으로 '환경의 문'이 어떻게 하나님의 인도
와 연관이 되는지 살펴보겠습니다.

'환경의 문'이 가리키는 것들

환경의 문에 대한 기본 이해

'환경의 문'에서 핵심 요소는 두 가지입니다. 하나는

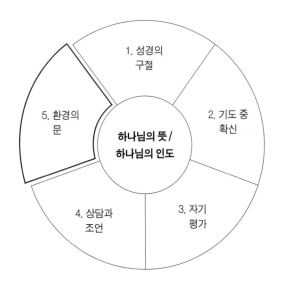

1. 성경의
구절

2. 기도 중
확신

하나님의 뜻 /
하나님의 인도

5. 환경의
문

4. 상담과
조언

3. 자기
평가

'문'이고 또 하나는 '환경'입니다. 여기에서 '문'은 '어떤
일이나 활동을 시도·진행할 수 있는 기회와 여건'을 뜻하
는 비유적 표현입니다. 따라서 문이 열린다는 것은 무언가
새로운 일을 시도할 수 있는 기회나 여건이 마련된다는 뜻
이고, 문이 닫힌다는 것은 그러한 기회나 여건이 사라진다
는 뜻입니다. '환경'은 '개인의 외부에서 작용하는 각종 자
연적·문화적 상태/사태'를 의미합니다. 그러므로 '환경의
문'은 '개인의 외부에서 작용하는 각종 자연적·문화적 상
태/사태로서, 개인으로 하여금 어떤 일이나 활동을 시도

하고 진행할 수 있도록 돕는 기회와 여건'으로 종합될 것입니다.

이 정의에서 우리가 눈여겨보아야 할 내용은 "개인의 외부에서"라는 어구입니다. 이것은 언급된 사태가 전적으로 당사자의 계획이나 통제를 뛰어넘어 발생한다는 점을 특징으로 합니다. 따라서 어떤 사태가 부분적으로라도 행위자의 주도와 의지에 따라 발생한다면, 그것은 환경의 문으로 분류되지 않습니다. 물론 이때 행위자가 외부적 사태의 발생을 어느 정도 예상할 수는 있겠으나, 그렇다고 해서 그 사태를 통제하는 데까지 가는 것은 아닙니다.

위의 설명이 이론상으로는 복잡해 보이지만, 실례를 살펴보면 쉽게 이해할 수 있을 것입니다. 먼저, 세 가지 외부 사태를 S_1, S_2, S_3로 설정해 보겠습니다.

- S_1: K 팀장은 상급자와의 잦은 접촉 끝에 연구소장으로 승진함.
- S_2: 부교역자 M 씨는 자신이 전혀 알지 못했던 어느 중형 교회의 담임목사로 청빙을 받음.
- S_3: Y군은 기다리던 대학원으로부터 입학 허가 연락을 받음.

S_1의 경우 K 팀장은 자신이 연구소장으로 임명받는 일이 가능해지도록 지속적으로 막후 접촉을 시도했습니다. 이처럼 그의 승진은 전적으로 자신의 통제를 벗어나 일어난 사태가 아니므로 '환경의 문'에 해당하지 않습니다. 그러나 S_2는 충분히 '환경의 문'으로 여길 수 있습니다. 그런 청빙이 M 씨의 통제하에 이루어진 것이 아닐뿐더러 심지어 M 씨는 그런 청빙이 있으리라고 예상조차 못 하고 있었기 때문입니다. 그러면 S_3는 어떨까요? 이 경우 S_2와 차이가 나는 것은, Y 군은 M 씨와 달리 사태의 발생 가능성을 어느 정도 예상하고 있었다는 점입니다. 그러나 그렇다고 하여 Y 군이 자신의 입학 결정을 조금치라도 통제한 것은 아니었습니다. 그렇기 때문에 S_3도 '환경의 문'으로 분류될 수 있는 것입니다.

환경의 문의 세 가지 수준

환경의 문은 연관된 외부 사태가 발생하는 횟수 혹은 빈도에 따라, 아니면 그 사태가 당사자의 삶이나 인생에 던지는 비중에 따라 **거대한 수준, 중도적 수준, 소소한 수준**으로 나눌 수 있습니다.

'거대한 수준'의 환경의 문은, 어떤 이에게 부여된 일이나 활동의 기회가 삶의 방향을 뒤바꾸고 인생 노선을 재설정할 만큼 비중이 큰, 일생일대의 사태를 가리킵니다. 조기 은퇴 후 아프리카 미개발국의 농업 자문위원으로 위촉이 된다든지, 50대 중반에 프러포즈를 받는다든지, 안정된 목회 사역지를 넘겨주고 개척 사역자로 나선다든지 하는 것이 그런 예입니다.

'중도적 수준'의 환경의 문은 특정 시기에 몇 차례 찾아오는 기회나 여건을 말합니다. 예를 들어, 박사 과정 진학을 앞두고 몇 군데 학교에 지원을 한 경우, 적령기에 이른 청년이 데이트와 이성 교제를 하면서 가능한 배우자를 물색하는 경우, 이직이나 창업의 가능성을 염두에 두고서 승인 통지를 기다리는 경우가 이에 속합니다. 이러한 환경의 문은 일정한 시기 동안에만 해당되는 것으로서, 진학·결혼·이직/창업의 시기가 지나가면 더 이상 주목의 대상이 되지 않습니다.

마지막으로 '소소한 수준'의 환경의 문은 삶 가운데 빈번히 지속적으로 찾아오는 기회를 염두에 둔 것입니다. 어떤 프리랜서 소목공이 있다고 합시다. 그는 전화 주문을 받고 작은 가구나 책장 등을 제작하여 공급합니다. 매 전화 주문은 그에게 환경의 문이 됩니다. 또 그리스도인 번역가를 생각해 봅시다. 그는 자신의 명의로 된 출판사를 갖고 있어 조건이 맞으면 외서를 번역하기도 하고, 어떤 경우에는 다른 출판사의 외주를 받아 번역 작업에 몰두하기도 합니다. 그에게는 모든 번역 프로젝트가 환경의 문입니다. 이처럼 소소한 수준의 환경의 문은 특정 그리스도인의 활동 기간 내내 이런저런 형태로 찾아옵니다. 비록 첫째나 둘째 수준처럼 굉장하지는 않지만, 그래도 어쨌든 환경의 문은 환경의 문입니다.

성경이 말하는 환경의 문

환경의 문이 언급된 성경의 증거

성경에는 환경의 문과 관련하여 다양한 교훈이 들어 있습니다. 우선, 문의 열리고 닫힘이 신적 주권의 소관임을 밝히는 말씀이 있습니다.

> **계 3:7-8** 빌라델비아 교회의 사자에게 편지하라. 거룩하고 진실하사 다윗의 열쇠를 가지신 이 곧 **열면 닫을 사람이 없고 닫으면 열 사람이 없는** 그가 이르시되 "볼지어다! 내가 **네 앞에 열린 문을 두었으되 능히 닫을 사람이 없으리라**…."

위의 구절은 살아 계신 그리스도의 권능을 묘사하고 있
는데, 그의 주권적 능력은 환경의 문을 열기도 하고 닫기
도 하는 것으로 표현됩니다.

따라서 바울은 전도의 '문'이 열리도록 하나님께 기도
해 달라고 골로새 교회 교인들에게 부탁을 합니다.

골 4:3 또한 우리를 위하여 기도하되 **하나님이 전도할 문을
우리에게 열어 주사** 그리스도의 비밀을 말하게 하시기를 구
하라. 내가 이 일 때문에 매임을 당하였노라.

실제로 바울과 사역자들은 복음 사역의 기회가 열린 것
을 '문'으로 묘사합니다.

행 14:27 그들[바울과 바나바]이 이르러 교회를 모아 하나님
이 함께 행하신 모든 일과 이방인들에게 **믿음의 문을 여신 것**
을 보고하고

고전 16:9 내게 **광대하고 유효한 문이 열렸으나** 대적하는 자가
많음이라.

고후 2:12 내가 그리스도의 복음을 위하여 드로아에 이르매
주 안에서 **문이 내게 열렸으되**

환경의 문과 하나님의 인도/뜻

그러면 환경의 문은 항시 하나님의 인도를 지시하는 긍정적인 수단으로 작용할까요? 다시 말해, 환경의 문이 열렸을 때 그 기회와 여건을 곧 하나님의 뜻을 나타내는 것으로 받아들여야 하겠느냐는 질문입니다. 이에 대한 답변은, 우리의 예상과 달리 꼭 그렇지만은 않다는 것입니다. 이것은 성경 자체가 가르치고 있으며, 두 가지 항목으로 설명이 가능합니다.

첫째, 환경의 문이 열렸지만 그로 인한 기회가 하나님의 뜻이 아닌 것으로 밝혀진 경우가 있습니다. 요나의 경험이 이 점을 설명하는 대표적 예입니다.

욘 1:3 그러나 요나가 여호와의 얼굴을 피하려고 일어나 다시스로 도망하려 하여 욥바로 내려갔더니 **마침 다시스로 가는 배를 만난지라**. 여호와의 얼굴을 피하여 그들과 함께 다시스로 가려고 뱃삯을 주고 배에 올랐더라.

요나는 니느웨로 가서 심판을 외치라는 여호와의 명령을 어기고 오히려 니느웨와 반대 방향인 다시스로 도망칠 계획을 세웠습니다. 그런데 마침 다시스행 선편을 만났으니, 환경의 문이 활짝 열린 셈이었습니다. 그러나 그 배에 닥친 재앙(욘 1:4, 7, 12)으로 보아 요나의 행선 조치는 하나님의 뜻과 정면으로 충돌하는 일임을 알 수 있습니다. 또 바울과 관련한 예도 있습니다.

행 27:12-14 그 항구[미항]가 겨울을 지내기에 불편하므로 거기서 떠나 아무쪼록 뵈닉스에 가서 겨울을 지내자 하는 자가 더 많으니 뵈닉스는 그레데 항구라. 한쪽은 서남을, 한쪽은 서북을 향하였더라. **남풍이 순하게 불매 그들이 뜻을 이룬 줄 알고** 닻을 감아 그레데 해변을 끼고 항해하더니 얼마 안 되어 섬 가운데로부터 유라굴로라는 광풍이 크게 일어나니

바울이 탄 배는 그레데 섬[오늘날의 크레타]의 미항에 간신히 도착했으나 겨울을 지나기가 불편하다는 다수의 의견 때문에 위험 부담을 무릅쓰고 뵈닉스로의 항해를 강행합니다(행 27:8-12). 처음에는 남풍이 순하게 불어 모두들 환경의 문이 순조로이 열린 것으로 판정했습니다. 그러나 그럼에도 불구하고 뵈닉스로의 항해가 하나님의 뜻이 아니었음은, 곧 광풍 유라굴로에 휘말려 결국 난파의 상태로 멜리데 섬[오늘날의 몰타]에 도착한 것(행 28:1)을 보아 알 수 있습니다. 이 사태 또한 환경의 문이 열렸음에도 불

구하고 하나님의 뜻이 아닌 경우에 해당합니다.

둘째, 환경의 문이 제공하는 호조건好條件을 하나님의 뜻이 아닌 것으로 판정하여 마다한 경우가 적지 않습니다. 구약에서는 사울에 대한 다윗의 처우가 이 점을 명시해 줍니다. 한번은 다윗을 쫓던 사울이 배변 행위를 하러 동굴 깊숙이 들어온 적이 있었습니다.

삼상 24:3 길 가 양의 우리에 이른즉 굴이 있는지라. **사울이 뒤를 보러 들어가니라**. 다윗과 그의 사람들이 그 굴 깊은 곳에 있더니

다윗의 부하들은 이것이 사울을 처치할 환경의 문이라고 여겨 다윗에게 응분의 조치를 취하라고 재촉했지만, 다윗은 사울의 옷자락을 벤 것만으로도 양심의 가책을 느꼈습니다(삼상 24:4-5). 그러면서 여호와의 기름 부음 받은 인물을 자기 손으로 치는 것이 가당치 않다고 설명한 뒤, 부하들이 사울을 해치지 않도록 조처합니다(6-7절). 이처럼 다윗은 환경의 문이 자신에게 유리한 조건을 마련해 줌에도 불구하고—이는 심지어 사울조차도 인정하는 바인데(18-19절)— 그 기회를 이용하는 것이 하나님의 뜻에 어긋난다고 보아 거부했습니다.

비슷한 기회가 한 번 더 찾아오지만 이번에도 다윗의 반응은 동일합니다. 이때는 사울이 거의 무방비 상태로 부하들 사이에서 깊은 잠에 빠져 있었습니다.

삼상 26:7 다윗과 아비새가 밤에 그 백성에게 나아가 본즉 **사울이 진영 가운데 누워 자고** 창은 머리 곁 땅에 꽂혀 있고 아브넬과 백성들은 그를 둘러 누웠는지라.

아비새는 이 상황에서 사울을 제거할 절호의 찬스—활짝 열린 환경의 문—를 찾아내었고(삼상 26:8), 다윗도 사태에 대한 판정에서는 아비새와 생각이 같았습니다(23절). 그러나 다윗은 초심을 잃지 않고서 여전히 사울을 해치지 않도록 조처합니다(8-11절). 사람이 손을 들어 기름 부음 받은 인물을 치는 것은 하나님이 원하시는 바가 아니라고 여겼기 때문입니다.

신약으로 와서는 환경의 문을 하나님의 뜻과 동일시하지 않는 사례를 사도 바울에게서 발견하게 됩니다.

고전 16:8-9 내가 오순절까지 에베소에 머물려 함은 내게 **광대하고 유효한 문이 열렸으나 대적하는 자가 많음**이라.

바울은 에베소에서 사역을 하던 중 오순절까지 그곳에 머물 계획이라고 밝혔습니다. 그 이유는 에베소에 복음 사역의 문이 활짝 열렸기 때문이 아니고 그러한 호조건의 상황에도 불구하고 많은 대적자들이 포진하고 있기 때문이라는 것이었습니다. 이처럼 바울은 환경의 문이 열린 것 자체만 가지고 하나님의 뜻—이 경우 오순절까지 에베소에 머무는 것—을 확정 짓지 않았습니다. 바울의 이런 모습은 드로아에서의 경험에도 반영되어 있습니다.

고후 2:12-13 내가 그리스도의 복음을 위하여 드로아에 이르매 **주 안에서 문이 내게 열렸으되** 내가 내 형제 디도를 만나지 못하므로 내 심령이 편하지 못하여 **그들을 작별하고 마게도냐로 갔노라.**

바울이 드로아에 갔을 때 주님의 섭리 가운데 환경의 문, 곧 복음의 문이 열렸습니다. 그런데도 바울은 드로아에 머물면서 그 문이 제공하는 기회를 마음껏 활용하는 식으로 반응하지 않았습니다. 그 이유는 고린도 교회의 형편을 알려 줄 디도가 드로아에 없었기 때문이었습니다. 그래서 바울은 드로아에 열린 복음의 문을 마다한 채 마게도냐로 건너갔습니다. 이 또한 환경의 문을 하나님의 뜻과 동일시하지 않은 명백한 증거라고 하겠습니다.

환경의 문과 하나님의 뜻: 간격 메우기

지금까지의 설명처럼 환경의 문이 곧 하나님의 뜻이 아니라면, 전자에 대한 우리의 판정은 어떠해야 할까요? 환경의 문이 하나님의 뜻으로 수용되려면 어떤 인식적 조치가 요구될까요? 이것은 답변하기가 쉽지 않은, 상당히 어려운 질문입니다. 여기에 1, 2, 3, 4… 식으로 깔끔히 정리할 수 있는 공식이란 존재하지 않습니다. 다만 하나님의 인도라는 사안을 우리보다 앞서 고민하고 경험한 신앙 선배들의 성찰을 참조하여, 몇 가지 제안을 하도록 하겠습니다.

첫째, 환경의 문이라는 하나님의 인도의 수단/방편은 주로 부정적으로 작용합니다. 이 말의 의미인즉, 환경의 문이 닫히면 그것이 하나님의 뜻일 가능성이 크다는 것입니다. 반면 환경의 문이 열린다고 해서 그것을 곧 하나님의 뜻이라고 확정 짓지 말아야 한다는 것입니다.

구체적인 예를 들어 봅시다. 어떤 학생이 꽤 탄탄한 준비를 했음에도 한국학 석사 과정에 지원했다가 불합격 통지서를 받았다면(또 그런 횟수가 2-3번이라면 더욱더), 그가 한국학 석사 과정을 밟는 것은 십중팔구 하나님의 뜻이 아니라는 것입니다. 반대로 그가 한국학 석사 과정의 지원 결과 입학을 알리는 통지문을 받았다고 해서, 그것만으로 석사 과정 진학이 하나님의 뜻이라고 결론 짓지는 말아야 합니다. 심지어 입학 허가서가 세 학교로부터 왔다고 해도 하나님의 뜻을 확정하는 데는 신중을 기해야 합니다.

둘째, 환경의 문은 하나님의 인도/뜻을 판정하는 데에 이차적/부차적 증거로 여겨야 합니다. 이것은 하나님의 인도를 받아야 할 사안이 인생의 대사에 해당할수록 더욱 그러합니다. 여기에서 인생의 대사란 이 글의 앞부분에서 언급한 바 환경의 문의 세 가지 수준 가운데 거대한 수준 및 중도적 수준과 상통합니다. 만일 어떤 이가 자신의 직업 분야를 정하고자 할 때 환경의 문 하나에만 의존하거나 환경의 문을 주된 판정 근거로 삼는다면, 이는 매우 어리석고 위험한 처사입니다. 오히려 자기 평가—특히 '능력'의 요인—와 지인들의 조언을 더 주요한 판정 근거로 채택해야 하고, 환경의 문은 이차적이거나 부속적인 증거로 취급해야 합니다.

이것은 결혼의 이슈에서도 마찬가지입니다. 일생의 배

우자와 관련한 하나님의 인도를 기대하면서 환경의 문—
예상하지도 않은 장소에서 만났다든지, 초등학교 동창이
라는 것이 밝혀졌다든지 등—을 주된 근거로 삼을 수는
없습니다. 오히려 신앙적 성향이나 성격적 조화(아니면 보
완), 애정과 신뢰의 점진적 형성, 일상생활에 반영되는 인
간미, 주위 사람들의 객관적 평판 등이 환경의 문보다 훨
씬 더 중요합니다. 환경의 문은 이와 같이 주된 판정 근거
에 의존해 하나님의 뜻을 분별해 가는 과정에서, 그저 부
가적 확증 작용을 하는 정도까지만 그 역할을 기대해야
합니다.

셋째, 일단 인생의 대사가 결정된 연후에는 환경의 문
도 하부 영역에서 의미심장한 증거로 채택될 수 있습니
다. 역시 구체적 사례를 드는 것이 이 진술을 이해하는 데
도움을 줄 것입니다. 어떤 그리스도인이 자신의 인생에서
무엇이 주된 소명인지 찾다가 드디어 목회자가 되는 것이
하나님의 뜻임을 확정하게 되었다고 합시다. 그러고 나서
그가 목회자로서 어떤 교회에 부임한 후로는 더 이상 자
신에게 열리는 환경의 문이 하나님의 뜻인지 아닌지 고민
할 필요가 없습니다. 주보에 실을 설교 개요를 작성한다
든지, 목요일의 상담 세션을 준비한다든지, 병원 응급실에
실려 간 교우를 심방한다든지, 아니면 제자훈련 프로그램

을 기획한다든지 등 여러 가지 목회적 활동의 기회가 찾아올 때마다 그러한 환경의 문이 하나님의 뜻인지 아닌지 망설이지 않아도 된다는 말입니다. 목회자로서의 부름을 받고 어떤 교회의 청빙에 응한 것이라면, 그에게 열리는 사역의 문은 (특별한 이유가 없는 한) 하나님의 뜻으로 여겨 마땅하기 때문입니다. 이것은 환경의 문의 소소한 수준에 해당되는 바로서, 이때 환경의 문은 하나님의 뜻을 매개하는 주된 근거로 작용합니다.

환경의 문과 하나님의 뜻 사이에 버티고 있는 인식론적 간격을 메운다는 것이 쉬운 일은 아니지만, 위에서 언급한 세 가지 제안 사항은 그런 어려움 중에도 우리를 돕는 지원군 노릇을 할 수 있을 것입니다.

다섯 가지 수단과
결정

8장

지금까지 우리는 개별적 하나님의 뜻을 분별/확정하는
데 다섯 가지 수단이 활용될 수 있음을 살펴보았습니다.
즉, 우리 인생의 대소사에서 하나님의 인도를 받으려면, ①
성경의 구절, ② 기도 중 확신, ③ 자기 평가, ④ 상담과 조
언, ⑤ 환경의 문이라는 다섯 가지 방편을 고려해야 한다는
내용입니다.

아울러 이러한 수단/방편들이 구체적으로 무엇이고, 이
들에 대한 성경의 가르침이 무엇이며, 어떤 식으로 하나님
의 뜻과 연관이 되는지 규명하기 위해 각각의 수단이나 방
편을 한 가지씩 따로 떼어 살펴보았습니다.

그렇다면 이제 우리는 삶[취업이나 경제활동, 입양이나 선교

사역 등] 가운데 하나님의 인도를 받고자 할 때, 다섯 가지 모두를 취해야 하는지, 사안에 따라 선별적으로 채택해야 하는지, 아니면 한두 가지를 우선적으로 취해야 하는지 의문이 남습니다. 이 질문에 얽혀 있는 세부 사항들과 연관 이슈들이 하도 다양하고 복잡해서, 명쾌한 답변을 제시하기가 쉽지 않습니다. 그럼에도 생활 가운데 하나님의 뜻을 분별할 수 있도록 도움을 주고자 최선을 다해서 설명을 시도하고자 합니다.

먼저 하나님의 뜻을 분별하여 행동으로 옮기는 과정부터 상세히 살펴보도록 하겠습니다.

결정의 과정

결정의 의미와 전후 관계

'결정決定,decision-making'은 사전적으로 '어떤 일에 대한 방향이나 태도를 분명하게 정함'을 의미합니다. 이런 정의에 도움을 받아, 우리는 인간의 의사 결정 과정을 다음의 표(133쪽 표)와 같이 좀 더 상세히 묘사할 수 있습니다.

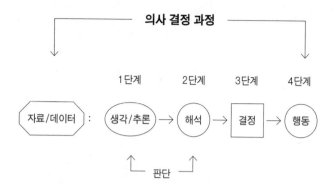

의사 결정 과정

|1단계|2단계|3단계|4단계|

자료/데이터 : 생각/추론 → 해석 → 결정 → 행동

판단

인간이 의사 결정을 하려면 기본적으로 그에게 어떤 자료나 데이터가 입수되어야 합니다. 그는 그 데이터를 가지고 생각/추론하고 해석합니다. (생각과 해석의 단계를 합쳐 '판단'이라고 부를 수 있을 것입니다.) 자료에 대한 판단이 서면 결정을 내리게 되고, 그 결정은 특정한 행동으로 이어집니다. 의사 결정 과정을 이처럼 4단계로 구별했지만 이것은 어디까지나 이론적인 작업이고, 실제로는 각 단계가 한 개인의 결정 행위 가운데 거의 동시적으로 발생합니다. 특히 1단계와 2단계가 그렇고, 또 3단계와 4단계가 그렇습니다.

자, 그러면 위의 의사 결정 과정을 하나님의 인도에 적용해 봅시다(134쪽 표).

이 경우 자료/데이터는 앞에서 설명한 5가지 방편입니다. 이 방편들이 하나님의 인도를 받는 데 어떻게 상호 연관이 되는지 판단해야만 하나님의 뜻을 분별/확정할 수 있고, 또 구체적인 행동으로 이어질 수 있습니다.

마게도냐 환상의 예

이제 바울이 경험한 하나님의 인도하심을 대상으로 하여 결정의 과정을 추적해 봅시다.

행 16:8-10 무시아를 지나 드로아로 내려갔는데 밤에 환상이 바울에게 보이니 마게도냐 사람 하나가 서서 그에게 청하여 이르되, "마게도냐로 건너와서 우리를 도우라" 하거늘 바울이 그 환상을 보았을 때 우리가 곧 마게도냐로 떠나기를 힘쓰니 이는 **하나님이** 저 사람들에게 복음을 전하라고 **우리를**

부르신 줄로 인정함이러라.

우리는 보통 바울이 본 마게도냐 환상 때문에 2차 선교 여행의 코스가 유럽으로 바뀌었다고 이야기합니다[마게도냐 환상(자료/데이터) → 마게도냐로 떠남(결정)]. 그러나 위의 구절을 자세히 보면 마게도냐 환상을 접한 것과 마게도냐로 떠나기를 힘쓴 것 사이에 바울의 해석—"하나님이 … 우리를 부르신 줄로 인정함"(10절)—이 들어 있습니다. 그러므로 하나님의 인도에 대한 바울의 사례를 좀 더 상세히 분석하면 다음과 같습니다.

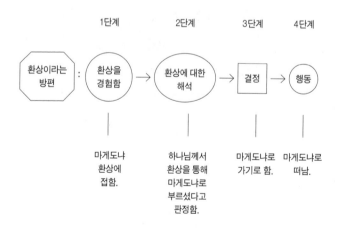

135

비록 1단계와 2단계가 함께 나타나고 3단계와 4단계가 축약적으로 묘사되어 있지만, 마게도냐 환상의 사례는 하나님의 인도에서 공히 4단계의 과정이 연루되어 있음을 보여 줍니다.

이 가운데 1, 2단계를 규명하는 일—즉 5가지 방편을 어떻게 취해야 하는지—이 난제임은, 이 글의 서론에서 밝힌 바와 같습니다.

방편들: 수효과 작동 원리

이 시점에서 하나님의 인도에 관한 기독교 지도자들의 이론적 얼개를 일별하는 것도 유익하리라고 생각합니다. 즉 개별적 하나님의 뜻을 분별하는 데 활용되는 수단/방편들은 무엇이라고 주장하는지, 또 이런 수단이나 방편들이 작동하는 원리나 양상들을 어떻게 설명하는지 알아보고자 합니다. 네 명의 지도자를 선별하여 살펴보겠습니다.

세 가지 일치론

영국의 침례교 목회자요 전도자였던 마이어(F. B.

Meyer, 1847-1929)는《인도의 비결*The Secret of Guidance*》에서 "성령의 내적 자극과 객관적인 하나님의 말씀은 항시 우리를 둘러싼 하나님의 섭리에 의해 확증된다. 그러므로 우리는 이 세 가지 초점이 하나로 수렴될 때까지 조용히 기다려야 한다"[1]라고 말합니다. 마이어의 영향을 받은 와이스(G. Christian Weiss, 1910-1983)는《하나님의 뜻을 아는 길》이라는 소책자에서 세 가지 안내하는 빛으로서, 성경에의 부합성, 성령의 내적 증거, 섭리에 의한 환경을 언급하고 있습니다.[2]

마이어가 말한 세 가지 방편이 하나님의 뜻을 분별하는데 본질적으로 중요하다는 사실에 대해서는 이의를 제기할 이유가 없습니다. 그러나 과연 이 세 가지만으로 우리의 직업, 결혼, 사회생활에 관해 충분히 하나님의 인도를 받을 수 있을지는 미지수입니다. 게다가 하나님의 인도에 있어서 항시 세 가지가 완벽히 일치하기를 기다려야 한다면, 상당히 많은 경우 하나님의 뜻을 확정하지 못할 공산이 큽니다.

여섯 가지 단계론

구약 교수인 월키(Bruce K. Waltke, 1930-)는《하나님의

뜻을 발견하기*Finding the Will of God*》라는 유익한 책자에서 하나님의 인도를 받는 여섯 단계를 제시합니다. 그는 이 여섯 가지가 논리적으로 연결되어 있기 때문에 이 순서를 밟아야만 하나님의 인도를 받을 수 있다고 주장합니다.[3] 이 여섯 가지 단계는 ① 성경 읽기 → ② 하나님이 주시는 마음의 계발 → ③ 조언 구하기 → ④ 하나님의 섭리 찾기 ⑤ 건전한 판단 → ⑥ 하나님의 간섭/개입입니다.

월키의 제안은 합리적이면서도 실제적이라는 점에서 상당히 설득력이 있습니다. 그러나 과연 이 단계들이 모두 논리적 선후 관계로 연결되어 있는지는 확실하지 않습니다. 예를 들어, ③ 조언 구하기 → ④ 하나님의 섭리 찾기가 왜 이런 순서를 견지해야 하는지 근거가 불확실합니다. 또 ⑤ 건전한 판단은 모든 단계에 필요한 항목이지 이렇게 별도의 한 단계로 분리해 낼 수 없는 것으로 보입니다.

여덟 가지 요인론

신학교 교수요 목회자였던 하워드(J. Grant Howard, Jr., 1929-2004)는《하나님의 뜻을 알고 행하기*Knowing God's Will — and Doing It!*》에서 하나님의 뜻을 아는 데에 필요한 요인을 8가지로 밝힙니다. 우선 성경은 하나님의 뜻이 계시된 근본 원천입니다.[4] 그러나 하나님의 뜻을 확정하려면 다른 이차적이고 보완적인 요인들[7가지]이 필요한데,[5] 세 가지 외적 요인[① 환경, ② 조언, ③ 행동의 결과]과 네 가지 내적 요인[④ 상식, ⑤ 욕구/충동, ⑥ 양심 ⑦ 평안]이 그것입니다.

하워드는 하나님의 뜻을 분별하는 데 필요한 요인들을 그 누구보다도 더 체계적으로 일목요연하게 정리해 놓았습니다. 문제는 구체적인 삶의 영역—예를 들어, 직업이나 결혼 등—에서 하나님의 인도를 받고자 할 때, ①, ②, ③ 같은 외적 요인들이 어떻게 함께 연관되는지 알기가 힘들다는 점입니다. 또 내적 요인의 경우 ⑤ 욕구/충동과 ⑦ 평안을 실제로 얼마나 잘 구별할 수 있을지도 의문입니다.

여덟 가지 상관론

마지막으로 목회자이자 진로 상담가인 스미스(Milton Blaine Smith, 1946-2021)의 《하나님의 뜻 알기Knowing God's Will》를 소개하고자 합니다. 그는 하나님의 인도를 받으려면 먼저 네 가지 사항—① 하나님의 뜻을 기꺼이 행하려는 마음, ② 기꺼운 마음을 유지하기 위한 기도, ③ 성경적 인증, ④ 합리적 판단—이 필요하다고 말합니다.[6] 그런

연후에 ⑤ 욕구, ⑥ 능력, ⑦ 환경, ⑧ 조언이라는 네 가지 요인들을 고려해야 한다는 것입니다.[7]

위의 설명을 살펴볼 때, 스미스가 하나님의 인도를 찾는 방편으로 여덟 가지 사항을 언급한 것은 아님을 알 수 있습니다. 오히려 앞의 네 가지는 하나님의 인도를 받기 위한 선행조건처럼 여겨집니다. 그런데도 '여덟 가지'라고 못 박은 것은 ①-④와 ⑤-⑧ 사이를 탄탄히 엮어 주는 설명[8] 때문입니다. 또 ⑤ 욕구, ⑥ 능력, ⑦ 환경, ⑧ 조언의 요인들이 어떻게 서로 연관되어 작용하는지에 대한 통찰력 있는 예시 내용[9] 때문이기도 합니다. 저자의 모든 주장에 동의할 수는 없겠지만, 그럼에도 불구하고 전술한 요인들의 상호 관련성에 주의를 기울인 점만큼은 인정을 해 주어야 할 것입니다.

다섯 가지 수단: 역할과 작동 방식

제가 하나님의 인도에 작용하는 수단/방편을 다섯 가지로 상정한 이유는 이렇습니다. 우선, 제 경험과 다른 이들의 가르침을 종합해 볼 때 이 다섯 가지는 하나님 인도의 수단으로서 빠질 수 없는 것들이라는 생각이 듭니다. 또

교육적 효과를 위해서는 설명할 항목이 너무 많지 않아야
한다는 점도 염두에 두었습니다.

이제 우리에게 남은 과제는, 인생의 대소사에서 하나
님의 인도를 받고자 할 때 이 다섯 가지 수단이 어떤 비
중과 어떤 조합으로 동원되어야 하는지에 대한 것입니
다. 이와 관련한 고려 사항을 네 가지 항목으로 정리해
보겠습니다.

다섯 가지 수단의 순서상 관계

다섯 가지 수단은 그들 사이에 무슨 단계step/stage가 존재
하지 않습니다. 예를 들어, 먼저 성경의 구절이라는 수단
을 활용하고 나서, 그다음에 기도 중 확신이라는 수단이
유효한 역할을 한다든지 하는 식이 아닙니다. 마찬가지로
자기 평가라는 수단을 쓰고 나야 상담과 조언이라는 수단
이 작동을 하고, 또 그런 다음에야 환경의 문을 고려할 수
있는 식의 절차상 경직성도 요구되지 않습니다. 이 수단
들 사이에 무슨 본유적인 선후 관계가 내장된 것이 아니
기 때문입니다. 저는 그저 설명의 편의상 '성경의 구절 →
기도 중 확신 → 자기 평가 → 상담과 조언 → 환경의 문'
이라는 순서를 택했을 따름입니다. 따라서 각 수단은 그

존재와 의의 면에서 서로 간 차별이 없고 평등하다고 할
수 있습니다.

각 수단의 역할과 비중

각 수단의 존재와 의의가 평등하다고 해서 그것들이 하
나님의 뜻을 밝히는 역할이나 기능 면에서조차 똑같다고
생각해서는 안 됩니다. 각 수단과 방편은 그것이 기능하
는 맥락에 따라 (혹은 수행하는 역할에 따라) 비중의 차이가
발생합니다.

'성경의 구절'과 '기도 중 확신'을 첫째와 둘째 수단으
로 삼은 것은 바로 이런 이유 때문입니다. 이 두 가지 수단
은 그리스도인이 하나님의 뜻을 확정하는 일에서 아무래
도 나머지 세 가지보다 더 큰 비중을 차지합니다. 그것은
그리스도인의 경건활동과 관련하여 말씀과 기도가 중추
적인 항목으로 되어 있기 때문일 것입니다. 물론 이 경우
'말씀'은 '성경의 구절'이라는 수단과 다르고, '기도'는 '기
도 중 확신'이라는 수단과 크게 차이가 납니다. 그럼에도
불구하고 말씀의 중요성은 '성경의 구절'이라는 수단에도
중요성을 부여했고, 기도의 중요성 때문에 '기도 중 확신'
이라는 수단 또한 중요성을 획득하게 되었습니다. 그래서

때때로—항상 그런 것은 아니지만—이 두 가지 수단은 다른 수단들과 상관없이 독자적으로 하나님의 뜻을 지시하곤 합니다.

'자기 평가'—그중에서도 능력—의 수단은 교회에서의 봉사 영역을 정할 때나 장래의 직업 분야를 선택할 때, 매우 큰 역할을 합니다. 어떤 개인의 적성/은사가 무엇인지 정확히 파악해야 그가 어떤 봉사활동을 할지(벧전 4:10), 장차 어떤 분야의 전문가가 될지(창 41:39-41; 단 1:17 및 2:47-48 참조) 단서를 찾을 수 있기 때문입니다. 그러므로 교회 봉사나 직업 선택과 같은 사안에서는 '능력/적성/은사'의 수단이 다른 어떤 수단보다도 훨씬 큰 비중을 발휘한다고 할 수 있습니다.

물론 한 사람의 능력/적성/은사가 정확히 파악되려면, 상담과 조언의 수단을 필요로 합니다. 어떤 이가 자기에게 특정한 능력이 있다고 견고히 믿는다고 해도 착오나 편견에 의한 것일 수 있으므로, 반드시 다른 이로부터의 조언(은사 보유 여부에 대한 평가)에 의한 확인이 필요합니다. 그래서 처음 능력을 확인하는 단계에서는, 능력이 합당한 수단으로 확립되려면 상담과 조언의 수단에 어느 정도 의존하지 않을 수 없습니다.

상담과 조언의 수단은 그 성격상, 독자적으로 중요성을

행사하거나 다른 수단들을 능가하는 식으로 비중을 발휘하는 수가 거의 없습니다. 그것은 상담과 조언이 어디까지나 다른 이로부터 연유한 것으로서, 나의 판정을 거쳐서만 하나님 인도의 증거로 채택되는 간접적 성격의 수단이기 때문입니다. 따라서 상담과 조언은 다른 여타의 수단들—성경의 구절, 기도 중 확신, 자기 평가, 환경의 문—과 함께 작용할 때, 그 중요성이 살아납니다.

환경의 문이라는 수단 역시 매우 특수한 경우[이에 대해서는 '특별한 경우의 예'에서 다룰 것임]가 아니면, 그 자체로서 하나님의 뜻을 확정하는 단서가 되지 못합니다. 그러므로 환경의 문은 다른 수단과의 공조 작용을 통해서만—그것도 많은 경우 부속적 역할을 맡음으로써—하나님의 인도를 받는 일에 이바지합니다. 다시 말해서 종종 환경의 문은 어떤 사안이 하나님의 뜻일 개연성[확률]을 높이는 식으로 작용합니다. 어떤 사안이 이미 하나님의 뜻인 것으로 여겨지고 있는 상황에서 환경의 문이 열리면 논의 중인 사안이 하나님의 뜻일 가능성이 더욱 높아진다는 말입니다.

필요한 수단의 수효

하나님의 뜻을 분별하는 데는 몇 가지 수단이 필요할까요? 이상적으로는, 다섯 가지 수단이 모두 주어질 때 의중에 있는 사안이 하나님의 뜻이라고 확정 지을 수 있을 것입니다. 그러나 그런 경우는 극히 드물지 않나 싶습니다. 그러면 몇 가지만 있으면 될까요? 네 가지? 세 가지? 아니면 두 가지만으로도 결정할 수 있을까요?

'두 가지'를 언급한다고 했을 때 어떤 이들은 이것이 '성경의 구절'과 '기도 중 확신'이 아니겠는가 하고 지레짐작했을지도 모르겠습니다. 그러나 두 가지라고 해서 꼭 '성경의 구절'과 '기도 중 확신'을 염두에 둔 것은 아닙니다. 비록 앞에서 '성경의 구절'과 '기도 중 확신'이 하나님의 뜻을 분별하는 데 다른 수단들보다 더 큰 비중을 차지한다고 밝혔지만, 그렇다고 해서 **항시 그래야 한다는 뜻은 아닙니다**. 전체적으로 보아 그럴 경우가 많겠지만 그렇지 않을 경우도 있습니다. 따라서 위에서 언급한 내용의 '두 가지'는 다섯 가지 수단 가운데 그 어느 것이라도 해당될 수 있습니다.

어쨌든 필요한 수단의 수효가 몇이냐는 질문에 대해서는 무엇이라고 답을 하기가 힘듭니다. 어떤 경우에는 서

너 가지 수단이 발견되는 수도 있겠고, 반대로 한 가지 수단밖에 입수되지 않았음에도 불구하고 하나님의 뜻으로 확정해야 하는 경우도 있습니다. 필요한 수단의 수효는 아마도 하나님의 인도를 받고자 하는 사안이 무엇이냐에 따라, 인도받을 사람의 개인적 상태와 그가 처한 형편이나 상황이 어떠하냐에 따라 상당히 변이의 폭이 클 것입니다. 통상적으로는 두서너 가지 방편만 있어도 되지 않겠나 싶지만, 그렇다고 하여 이것이 적정한 답이라고 주장하는 것은 아닙니다.

특별한 경우의 예

비록 통상적으로는 두세 가지 수단이면 하나님의 뜻을 분별하는 데 어려움이 없을 것이라고 말했지만, 예외적인 경우들이 존재합니다. 예외적이라는 말은 한 가지 수단만으로도 하나님의 뜻을 확정할 수 있다는 뜻입니다. 그것도 그 한 가지가 '성경의 구절'이나 '기도 중 확신'이 아닌, 대부분의 경우 다른 수단들의 보조적 역할을 하는 '환경의 문'을 염두에 둔 것입니다. 그러면 어떻게 하여 환경의 문 한 가지로써 하나님의 뜻을 확정 짓는다는 것일까요?

이해를 돕기 위해 사례 하나를 소개하고자 합니다. C와

Y는 결혼을 염두에 두고 사귀는 중이었습니다. 그런데 Y가 단기 선교에 참여했다가 선교 지역에서 발생한 지진 사태로 말미암아 불행하게도 목숨을 잃었습니다. 망연자실한 C는 이제 Y와의 결혼이 결코 하나님의 뜻일 수 없다는 결론에 도달했습니다. 혹시 다른 수단들—성경의 구절, 기도 중 확신, 자기 평가, 상담과 조언—을 억척스럽게 활용한다고 해도, 지진으로 인한 죽음[환경의 문이라는 수단]을 무력화하지는 못할 것입니다. 이야말로 환경의 문 하나로 하나님의 뜻을 확정하게 된 예가 아니고 무엇이겠습니까?

만일 사태를 좀 더 완화해 Y가 식물인간이 되었다고 합시다. 이때도 상기 경우와 같이 환경의 문만이 독불장군식으로 절대적인 비중을 행사할까요? 꼭 그렇지는 않을 것입니다. C는 다른 수단들—예를 들어, 기도 중 확신이나 상담과 조언 같은 항목—을 감안하는 도중, Y와의 결혼이 하나님의 뜻이라고 판정할 수도 있을 것입니다. 그러나 대체로는 C는 식물인간이 된 Y와의 결혼을 자신을 향한 하나님의 뜻으로 받아들이지 않을 것입니다. 그렇다면 이 경우 역시 환경의 문 하나로 하나님의 뜻을 확정하게 된 또 다른 예로 분류될 것입니다.

이것은 비단 환경의 문만이 아닙니다. 예외적인 상황에

서는 다른 어떤 수단도 그 하나가 유일하게 하나님의 뜻을 확정하는 요인으로 작용할 수 있습니다.

지금까지 저는 다섯 가지 요인이 하나님의 인도를 받는데 어떤 식으로 작동하는지 규명하고자 노력을 기울였습니다. 비록 이상의 설명만으로 다섯 가지 요인의 작동 양태가 소상히 밝혀지지는 않겠지만, 그래도 그 테두리와 윤곽만큼은 큰 어려움 없이 알아볼 수 있으리라고 생각합니다. 지금까지의 설명을 출발점으로 삼아 각자 좀 더 자세하고 준비된 가이드라인을 생각해 볼 수 있을 것입니다.

비표준적 성격의
수단들

개별적 하나님의 뜻을 찾는 데는 통상적으로 다섯 가지
수단이 활용된다는 것을 누누이 밝혔습니다. 그렇다고 하
여 이 다섯 가지 방편 외에는 하나님의 인도를 받는 수단
이 전혀 없다는 말은 아닙니다. 비록 드물기는 하지만 그
리스도인들은 다른 수단들의 도움을 받아 하나님의 뜻을
분별하기도 했습니다.

그런 특이한 수단으로서 거론되는 것이 **제비뽑기, 양털
징조, 환상, 꿈, 천사**입니다. 이런 수단들은 모든 그리스도인
의 인도 경험에 빠짐없이 등장하는 것은 아니라는 점에
서, 또 오늘날 그리스도인의 신앙생활과 긴밀히 연관되어
있지 않다는 점에서 비표준적입니다. 그러나 비표준적이

라는 말이 우리가 전적으로 무시해도 좋다든지 우리와 전혀 상관이 없다는 뜻은 아니므로, 이번 장에서는 이런 특이한 수단들을 일괄적으로 다루고자 합니다.

제비뽑기와 하나님의 뜻

구약 시대에는 제비뽑기가 하나님의 뜻을 분별하는 주된 방편이었습니다(잠 16:33). 특히 제사장의 에봇에는 우림과 둠밈(출 28:30; 신 33:8; 스 2:63)이라는 고안물이 들어 있어서, 이를 사용하여 하나님의 뜻을 파악했습니다. 에봇 속에는 모양이 같은 두 개의 평평한 돌(혹은 나무)이 들어 있었는데, 각 물체의 한 면은 우림('저주하다'라는 뜻)으로, 다른 면은 둠밈('완벽하다'라는 뜻)으로 불렸습니다. 이것을 던져 둘 다 우림이 나오면 답변은 '아니요'이고, 둘 다 둠밈이 나오면 '예', 우림과 둠밈이 하나씩 나타나면 답을 알 수 없다는 뜻이 됩니다.[1] 그러나 우림과 둠밈을 채택하지 않은 제비뽑기도 크게 성행했습니다.

제비뽑기가 이스라엘 민족에게서 얼마나 폭넓게 시행되었는지는 성경의 증거로 금세 알 수 있습니다. 아론은 속죄일에 광야로 보내는 아사셀 염소를 제비로 뽑았고(레

16:7-8, 10), 가나안 정복 후 땅의 분배 역시 제비뽑기로 결정했습니다(수 14:2, 18:6; 대상 6:54-65). 성전의 봉사 역시 음악 분야든(대상 25:7-8), 문을 지키는 일이든(대상 26:13-16), 제단에 땔감을 공급하는 일이든(느 10:34) 모두 제비를 뽑아 책임을 할당했습니다. 또 범법자들의 색출도 제비뽑기에 의해 이루어졌습니다(수 7:14-18; 삼상 14:41-42). 신약 시대에 이르러서도 제비뽑기의 관행은 계속되었으니, 십자가 밑의 군병들은 예수 그리스도의 옷을 차지하기 위해 제비를 뽑았고(마 27:35), 초대교회에서는 가룟 유다 대신 사도를 보선하는 일에서도 제비뽑기 방식에 의존했습니다(행 1:26).

그런데 오순절 이후로는 하나님의 뜻을 찾는 데에 제비를 뽑은 사례가 발견되지 않습니다. 이것은 아마도 그리스도인들에게 이미 하나님의 인도를 받는 데 필요한 내적 자원이 넉넉히 공급되었기 때문일 것입니다. 하나님께서는 우리가 자신의 뜻을 분별할 때 여러 가지 상황을 놓고 진지하게 궁리하고 심사숙고하기를 (또 이를 통해 영적으로 성숙하기를) 바라시는데, 제비뽑기는 이런 책임을 회피하게 만들기 때문에 더 이상 합당한 수단으로 보지 않는 듯합니다.

양털 징조와 하나님의 뜻

기드온은 이스라엘의 사사로 부름을 받았지만, 막상 미디안 군대가 아말렉과 동방 사람들의 지원을 받아 이스라엘을 침공하자 과연 자신이 여호와의 승리를 매개할 수 있을지 다소 의아심을 품게 되었던 것 같습니다. 그래서 기드온은 타작마당에 양털 뭉치를 두고서 만일 이슬이 양털만을 함빡 적신다면 자신을 통한 여호와의 구원 역사를 확신하겠노라고 하나님께 여쭈었습니다(삿 6:36-37). 자신의 요청대로 양털의 징조가 주어졌음에도 불구하고 안심을 하지 못한 그는, 또다시 하나님께 여쭈어 반대 상태의 징조—이슬이 양털을 제외하고 주변 땅에만 내리는 것—를 허락받습니다(38-40절).

그런데 상당수의 기독교 지도자들은 기드온의 사례로부터 하나님 인도의 모범이나 원리를 찾으려고 하지 말아야 한다고 경고합니다. 왜 그럴까요? 두세 가지 정도의 이유가 있습니다.

첫째, 기드온은 오늘날 우리와 달리 성경(혹은 성경의 일부)이 없던 시대에 살았던 고로 하나님의 정상적인 인도를 받은 것으로 볼 수 없다는 것입니다. 기드온의 행위가 그 당시로는 정당화될 수 있다손 치더라도(많은 이들은 그렇게 생각하지 않지만, 논의의 진행을 위해서 가정함) 오늘날 우리에게는 표준이 될 수 없다는 말입니다.

둘째, 기드온의 요청은 하나님의 약속을 믿지 못한 데서 연유한 것이므로 우리에게 모델이 될 수 없다는 것입니다. 하나님께서는 이미 전에도 기드온을 통해 이스라엘 백성을 구원하신다고 약속하셨고(삿 6:14-16), 자신이 누구인지에 대한 징표를 보이셨으며(19-23절), 미디안 침략 후에 여호와의 영이 임하도록 하셨고(34절), 백성들이 그의 호출에 반응하는 것도 경험하게 하셨기(34-35절) 때문입니다. 이런 상황을 참작할 때 기드온이 요구한 양털 징조는 비겁함과 불신앙의 표시라는 것입니다.

셋째, 사사기 자체가 사사들의 행위와 사례를 긍정적으로 평가하지 않기 때문입니다. 사사기의 저자는 당대의 형편을 "사람이 각기 자기의 소견에 옳은 대로 행하였더라"(삿 21:25)라고 비판적으로 묘사합니다. 여기에는 기드온이 요구한 양털 징조 방안도 빠질 수 없다는 것입니다.

기드온의 경우가 그렇다면 아브라함의 늙은 종이나 요나단에 대해서는 어떻게 생각해야 할까요? 먼저 아브라함의 늙은 종이 취한 행동부터 살펴봅시다. 아브라함의 늙은 종은 이삭의 배필을 찾아오라는 아브라함의 부탁을 받고 메소포타미아에 있는 나홀의 성을 찾았습니다. 그러고는 성에 이르러서, "성 중 사람의 딸들이 물 길으러 나오 겠사오니 내가 우물 곁에 서 있다가 한 소녀에게 이르기 를, '청하건대 너는 물동이를 기울여 나로 마시게 하라' 하 리니 그의 대답이, '마시라. 내가 당신의 낙타에게도 마시 게 하리라' 하면 그는 주께서 주의 종 이삭을 위하여 정하 신 자라. 이로 말미암아 주께서 내 주인에게 은혜 베푸심 을 내가 알겠나이다"(창 24:13-14)라고 기도합니다. 그리 고 그 기도는 풍성한 응답을 받습니다(15-27절).

비슷한 예로서 요나단의 블레셋 공략 사건이 있습니다. 한때 이스라엘은 믹마스 어귀에서 블레셋과 대치하고 있 었는데, 요나단은 자기의 무기를 든 소년과 더불어 블레 셋 진영으로 건너가기를 꾀합니다(삼상 13:23, 14:1, 6). 요 나단은 자신의 침투 공략이 하나님의 뜻 가운데 있는지 아닌지를 알지 못한 처지였기 때문에 "우리가 그 사람들 에게로 건너가서 그들에게 보이리니 그들이 만일 우리에 게 이르기를, '우리가 너희에게로 가기를 기다리라' 하면 우리는 우리가 있는 곳에 가만히 서서 그들에게로 올라가 지 말 것이요 그들이 말하기를, '우리에게로 올라오라' 하 면 우리가 올라갈 것은 여호와께서 그들을 우리 손에 넘 기셨음이니 이것이 우리에게 표징이 되리라"(삼상 14:8- 10)라고 말합니다. 그 둘이 블레셋 사람들에게 보이자 "우

리에게로 올라오라. 너희에게 보여 줄 것이 있느니라" 한
고로(11-12절), 요나단은 이것을 하나님의 뜻에 대한 표징
으로 받아들입니다(12하반절).

그러면 이 늙은 종의 간구나 요나단의 침투 시도도 기
드온의 양털 징조와 같은 취급을 받아야 할까요? 일견 이
종의 간구와 요나단의 시도는 기드온의 양털 징조 요청과
비슷한 면이 있습니다. 그것은 양쪽 다 미리 정한 징표
predetermined sign를 요구했다는 점입니다. 기드온은 처음에는
양털에만 이슬이 있기를, 그다음에는 양털만이 말라 있기
를 청했고, 늙은 종은 말을 건 소녀가 부탁받은 것 이상으
로 반응하기를 간구했으며, 요나단은 자기들을 목격한 블
레셋 군사들이 저들에게로 올라오라고 요청하기를 기다
렸습니다.

그러나 이 사례들 사이에는 차이점도 눈에 띕니다. 첫
째, 늙은 종과 요나단은 기드온과 달리 자신들의 시도가
성공하리라는 약속이나 언질을 받지 못한 채 행동을 시작
했습니다. 다시 말해서 그들은 하나님의 뜻을 찾는 데 암
중모색하고 있었습니다. 이와 달리 기드온은 양털 징조를
요구하기 전에, 이미 하나님으로부터 이스라엘의 구원에
관한 약속의 말씀을 받았던 것입니다(삿 6:14, 16).

둘째, 늙은 종의 요청과 요나단의 기대는 하나님의 인

도를 받는 과정에서 예측할 수 있는 일상적이고 자연스러운 반응인 반면, 기드온의 요구는 기적적인 성격의 현상이었습니다. 기드온은 미디안에 대한 승리와 본질적으로 연관이 되지 않는 희한한 사태를 하나님께 이뤄 달라고 요청한 것입니다.

셋째, 늙은 종이나 요나단은 미리 정한 징표를 한 번만 구했습니다. 이에 반해 기드온은 자신이 원한 징표가 나타났는데도 이에 만족하지 않고 또다시 징표를 요청했습니다.

그러므로 우리는 늙은 종이나 요나단의 경우를 기드온의 양털 징조와 동류로 취급할 수 없습니다. 따라서 우리도 하나님의 뜻을 찾아가는 과정에서 기드온 같은 식이 아닌 늙은 종이나 요나단과 같은 시도는 할 수 있으리라 조심스레 제안해 봅니다. 다음의 두 가지 사례를 참조해 보십시오.

사례 1: "빌리 그레이엄(Billy Graham, 1918-2018)은 사역 초기에 방송 사역을 해야 할지 말아야 할지 결정을 내리지 못하고 있었다. 그는 어떤 전도 집회에서 방송 시간을 확보할 기금이 필요하다고 알렸고, 개인적으로는 하나님께만 **만일 자정까지 25,000불의 헌금이 들어온다면 하나님께서 방송 사역을 원하시는 징표로 받아들이겠다고 몰래 기도했다.**

그런데 12시까지 25,000불이 모금되었고, 이로써 1950년 9월 15일에 빌리 그레이엄 전도협회Billy Graham Evangelistic Association, BGEA가 출범 가능하게 되었다."[2]

사례 2: "내 친구는 특정 주택을 구입하는 데 있어서 하나님의 뜻을 찾고 있었다. 여러 가지 사안을 분석한 후 집 주인에게 가격을 제시했다. 며칠이 지나도 답변이 없자, **그는 만일 그 집을 사는 것이 하나님의 뜻이라면 내일 오후 5시까지 집 주인에게서 연락이 있도록 해 달라고 기도했다**. 만일 연락이 없다면 다른 집을 알아볼 셈이었다."[3]

이상과 같은 사례가 보여 주듯 우리가 하나님의 인도를 구하는 과정에서 아브라함의 늙은 종과 같은 기도나 요나단의 침투 시도는 허용할 수 있다고 생각합니다. 그렇지만 이런 기도나 시도는 자신의 신앙생활 전체에 걸쳐 매우 드문 경우여야 할 것입니다.

환상과 하나님의 뜻

'환상幻想, vision'은 초감각 차원의 시청각적 사건으로서, 수면 중이든 깨어 있는 동안이든 경험이 가능합니다. 구약 시대에는 하나님께서 이를 통해 자신을 계시하거나 자신의 뜻을 알리셨습니다(창 15:1; 민 12:6; 시 89:19; 사 22:1, 5; 겔 11:24; 단 8:1-2; 슥 13:4). 신약 시대로 넘어오면 구약 시대보다는 발생의 빈도와 사례가 현저히 줄어들지만, 그래도 환상은 여전히 그 역할을 하고 있습니다. 구체적으로는 세례 요한의 아버지 사가랴(눅 1:22), 아나니아(행 9:10), 고넬료(행 10:3), 베드로(행 10:17, 19), 바울(행 16:9, 18:9; 고후 12:1) 등이 환상을 경험한 인물로 나타나 있습니다.

오늘날 어떤 그리스도인들은 상기한 성경의 예에 근거하여 자신에게 환상을 통한 하나님의 인도가 다반사로 일어나는 것처럼 이야기하는데, 이는 상당히 어리석고 위험한 행태입니다. 오늘날 경험한다는 환상의 여러 경우는 극한적 신체 상태나 극도의 심리적 압박으로 말미암은 환각hallucination일 수 있습니다. 또한 우리의 종교적 상상력과 민감한 기질이 만들어 낸 자기 몰입의 작품일 가능성도 결코 배제할 수 없습니다. 그러므로 진정한 환상은 매우 드문 현상이라고 해야 할 것입니다.

동시에 환상은 하나님의 인도에 관한 통상적 수단으로 볼 수가 없습니다. 왜 그럴까요? 첫째, 무엇보다도 초대 교회의 경우 환상을 통한 하나님의 인도 사례가 매우 희소하기 때문입니다. 일반 그리스도인은 말할 것도 없고 사도들의 상황만 보더라도 환상은 상당히 드문 경험이었습니다. 우리는 사도행전을 한꺼번에 읽으면서 환상의 사건을 연속적으로 접하기 때문에, 환상 경험이 흔하다는 인상을 받기 십상입니다. 그러나 환상을 겪은 당사자의 입장에서 본다면, 아나니아·고넬료·베드로는 각각 한 번씩, 바울은 세 번으로 그리 많은 횟수가 아닙니다. (물론 이들이 성경에 기록된 것 외의 환상도 경험했을 수 있지 않느냐는 반박이 가능하지만, 이것은 어디까지나 침묵으로부터의 논증argument from silence이므로 설득력이 약합니다.)

둘째, 신구약 성경을 통틀어 그 어느 곳에서도 환상을 통한 하나님의 인도를 찾으라거나 기대하라는 진술이 등장하지 않습니다. 만일 이러한 초자연적 인도가 통상적인 수단으로 자리 잡기를 하나님께서 원하셨다면, 이에 관해 어떤 식으로든—명령이든 권면이든 교훈이든—언급을 하셨을 것입니다.

그렇다고 하여 하나님께서 이런 비표준적 방편을 전혀 사용하시지 않는다는 것은 아닙니다. 어떤 때는 연관 인물의 신앙이 너무 빈약하기 때문에 하나님의 인도 과정 가운데 예외적으로 이런 방도를 허용하실 수도 있습니다. 다음의 사례가 이에 해당합니다.

사례 3: "굴산 파티마Gulshan Fatima는 어렸을 적부터 불구인 파키스탄 여성이었다. 그는 경건한 이슬람 신도였기 때문에 알라에 대한 전폭적 신앙이 치유를 가져다주리라 믿고 여러 방면으로 노력을 기울였으나 허사였다. 그러다가 예수가 기적적 치유자라는 쿠란의 설명에 힘입어 3년 동안 내내 '마리얌의 아들 예수여! 나를 고쳐 주소서!'라고 기도했다. 그러던 어느 날 새벽 긴 옷을 입은 사람들이 빛 가운데 서 있는 것을 보았다. 12명이 한 줄로 서 있었는데 그 중간에는 다른 모든 이들보다 더 크고 더 빛나는 인물이 자리 잡고 있었다. 이 인물로부터 '일어나 내게 오라!'는 지시를 세 번이나 받은 후, 파티마는 19년에 걸쳐 괴로움을 끼친 불구 상태에서 해방되어 그 자리에서 일어났다."[4]

또 어떤 경우에는 환상과 같은 독특한 방식이 아니고서는 자신에 대한 하나님의 뜻을 명료히 깨닫기가 힘들기 때문에 이렇게 역사하실 수도 있습니다. 조이스 허기트 (Joyce Hugget, 1937-2017)는 다른 남성과 부정을 저질렀다가 회개한 어느 목회자 아내의 환상 경험을 다음과 같이 묘사합니다.

사례 4: "그는 숲속으로 기도하러 들어가서, 하나님께 자신의 이전 자아가 산산이 부서진 조각들에 지나지 않는다고 아뢰었다. 그때 붉은 진흙 조각들이 땅을 어지럽히고 있는 장면이 마음에 떠올랐다. 그런데 예수께서 찾아오셔서 그 부서진 조각들을 이리저리 맞추시더니 새로운 그릇을 만들어 내셨다. 그러면서 그 그릇이 과거의 것보다 더 아름답고 훨씬 더 유용함을 보여 주셨다. 비록 그가 머리로는 하나님께서 용서하신 것을 알았지만 이것만으로는 충분하지 않았던 것이다. 성적 범죄란 머리뿐 아니라 몸, 감정, 성격, 상상력 등 전인에 영향을 미치는 것이었기에 그의 전 존재가 새롭게 되어야 할 필요가 있었다. 이 환상은 그의 파편화된 자아를 회복시키는 데 안성맞춤인 셈이었다."[5]

이상과 같이 특이하고 예외적인 상황에서는 환상도 매우 드물게 하나님의 뜻을 가르쳐 주는 방편이 될 수 있을 것입니다.

꿈과 하나님의 뜻

꿈은 잠자는 동안 사람의 마음속에서 자신의 의지와 무관하게 발생하는 연속적인 심리 상태들(감각, 감정, 관념 및 이미지들)이라고 설명할 수 있습니다. 구약 시대의 꿈은 그 기능에 따라 두 가지 범주로 대별됩니다. 하나는 **메시지 전달 기능**의 꿈으로서 하나님으로부터 메시지를 받는 것이 꿈의 주된 내용입니다(민 12:6; 욥 33:14-18). 꿈의 또 다른 범주는 장차 발생할 일을 미리 알려 주는 **사태 예측 기능**에 관한 것입니다(창 37:5-11, 40:9-11, 16-17, 41:1-7; 삿 7:13; 단 2:31-35, 4:9-18, 7:1-14). 신약 시대의 꿈은 대부분 예수 그리스도의 탄생 및 어린 시절과 연관하여 등장합니다(마 1:20-23, 2:12-13, 19-20, 22-23).

그러면 오늘날에도 꿈이라는 수단을 통해 하나님의 인도를 경험할 수 있을까요? 우리는 초대교회의 그리스도인이 하나님의 인도를 받는 데에 꿈의 방편을 의존한 사례가 없음에 주목해야 합니다. 그리고 꿈을 활용하여 하나님의 인도를 받으라는 권면이나 교훈(명령은 차치하고라도)이 없다는 점 또한 의미심장합니다.

그러나 역시 그렇다고 하여, 하나님께서 오늘날에는 결코 꿈을 통한 인도를 하시지 않는다는 식의 극단적 주장도 피해야 합니다. 우리의 삶이 극한 상황으로 치달을 경우, 하나님께서는 그의 주권적 의지에 따라 매우 예외적으로 꿈이라는 수단을 사용하실 수도 있기 때문입니다. 다음의 사례가 바로 그런 경우에 해당할 것입니다.

사례 5: "이집트 카이로에 거주하는 누어Noor는 여덟 자녀의 어머니이자 이제는 그를 버린 남편의 셋째 아내로서, 전형적인 이슬람 신도였다. 그러나 세월이 흐를수록 종교적 경직성과 피상성 때문에 고민하던 중, 어느 날 밤 전혀 예상 밖의 신기한 꿈을 꾸게 되었다. 그는 그 꿈에서 처음으로 예수를 만났는데, 예수는 그를 위해 목숨을 버릴 정도로 그를 사랑하노라고 말했다. 그런 말을 들으며 느낀 위로와 평안은 과거 어디에서도 경험하지 못한 바였다. 그러나 그가 예수께 나아가기를 주저하자 예수는 그 꿈속에서 자기들을 뒤따르고 있던 어떤 그리스도인 젊은이를 소개하며 그를 만나라고 일러 주었다. 누어는 그다음 날 금요 시장에서 지난밤 꿈속에 등장했던 청년 카말 아쌈Kamal Assam을 실제로 만날 수 있었고, 그와 더불어 예수 그리스도에 대한 신앙적 결단에 대해 진지한 이야기를 나누었다."[6]

인생과 종교의 의미를 잃어 가던 이 여성에게 예수께서는 꿈을 통해 그의 앞길이 어떠해야 할지 기적적으로 인도하신 것입니다.

천사와 하나님의 뜻

천사는 하나님의 보내심을 받아 그리스도인들을 "섬기는 영"입니다(히 1:14). 그들은 네 가지 방도로 그리스도인들을 섬깁니다. 첫째, 좋은 소식을 알리고(창 18:9-10; 눅 2:8-15), 임박한 위험이나 재난에 대해 경고를 발합니다

(창 19:12-13; 마 2:13). 둘째, 주의 백성을 인도하고(창 24:7; 출 23:20; 민 20:16) 교훈을 베풉니다(삿 13:3-5; 행 10:3-6). 셋째, 천사는 하나님의 백성을 지키고 보호하는 가 하면(출 14:19-20; 왕하 6:17; 시 34:7, 91:11; 마 18:10), 백성의 원수들에게 무력을 행사하기도 합니다(왕하 19:35; 마 26:53). 넷째, 위기에 처한 하나님의 백성을 구체적으로 돕습니다(왕상 19:5-7; 마 28:2; 막 1:13; 행 5:19, 12:6-11).

그러면 하나님께서는 오늘날에도 우리가 하나님의 인도를 받도록 하기 위해 천사를 동원하실까요? 무엇보다도, 천사의 활동과 도움은 우리가 흔히 생각하는 것보다 드물게 나타납니다. 역시 우리는— 앞에서 환상의 경우에 설명했듯이—모든 시대에 걸친 천사의 출현과 여러 인물의 천사 경험을 한꺼번에 파악하고 있기 때문에 천사의 활약이 빈번하다고 느끼는 것이지, 성경에 있는 인물 개개인의 입장에서 본다면 천사에 대한 경험은 상당히 드문 일이었음을 깨닫게 됩니다.

구체적으로 신약의 인물들을 살펴보면, 사가랴 1회(눅 1:11-20), 마리아 1회(눅 1:26-38), 요셉 3회(마 1:20-24, 2:13, 19), 예수 그리스도 2회(막 1:13; 눅 22:43), 빌립 1회 (행 8:26), 고넬료 1회(행 10:3-6), 베드로 1회(행 12:7-11), 헤롯 1회(행 12:23), 바울 1회(행 27:23-24), 열두 제자 2회

(행 1:10-11, 5:18-20)입니다. 초대교회 같은 특수 상황에서도 천사를 통한 하나님의 인도 경험이 이토록 희귀했다면, 하물며 오늘날과 같이 기독교 신앙이 보편화한 처지에 빈번한 천사 경험을 기대한다는 것은 터무니없는 일이될 것입니다.

물론 그렇다고 하여 오늘날 천사를 통한 하나님의 인도역사가 전적으로 불가능하다고 주장하는 것은 아닙니다. 앞에서 설명한 몇 가지 비표준적 수단의 경우와 마찬가지로, 예외적 상황에서는 하나님께서 천사를 동원하셔서 자기 백성을 인도하실 수도 있습니다. 다음의 사례가 우리의 이해를 도울 것입니다.

사례 6: "남태평양 뉴헤브리디즈 섬의 선교사였던 페이튼(John G. Paton, 1824-1907)은 어느 날 밤 선교 본부를 둘러싸고서 방화 및 살인을 획책하는 원주민들과 맞닥뜨렸다. 두려움에 떨면서 아내와 함께 밤새도록 하나님의 도우심을 간구했는데, 날이 밝아 보니 모두가 떠나 버린지라 하나님께 감사했다. 일 년 후 부족의 우두머리가 회심했는데, 그에게 왜 원주민들이 그날 밤 방화 및 살인의 시도를 중단했느냐고 물었다. 그랬더니 그 부족장이 놀라는 듯한 표정을 지으며 '당신과 함께 있던 사람들 때문이었지요. 그런데 대체 그들이 누구였나요?'라고 되물어 왔다. 선교사는 '나와 내 아내 말고는 아무도 없었는데…'라고 답했다. **그런데 부족장은 그날 밤 수백 명이나 될 듯한 수비대가 빛나는 전투복을 입고 칼을 빼든 채 서 있는 것을 보았다고 주장했다. 그들이 선교 본부를 둘러싸고 있어서 원주민들은 공격하기가 두려웠다는 것이다.** 그제야 페이튼 선교사는 하나님께서 천사들을 보내셔서 자기들을 보호하셨다는 것을 깨달았다."[7]

이처럼 하나님의 백성이 위기 상황을 겪을 때 하나님께서는 천사를 동원하여 그들을 구원으로 인도하실 수 있습니다. 물론 이런 역사는 매우 드물고 예외적이라는 것을 기억해야 합니다.

지금까지 우리는 하나님께서 우리를 인도하실 때 희귀하게 사용하시는 비표준적 수단들을 살펴보았습니다. 비표준적 수단 중에서도 제비뽑기는 이미 구약 시대의 산물이므로 오늘날 고려 대상이 되지 않습니다. 양털 징조의 수단은 다소 변형된 형태로 드물게나마 오늘날까지 사용되는 수가 있습니다. 환상·꿈·천사의 경우에는 예외적이거나 특수한 상황에 처한 이들에게 하나님의 뜻을 알리는 방편이 되기도 합니다. 그러나 어쨌든 이들은 비표준적 수단이기 때문에 우리가 표준적으로 채택하는 다섯 가지 수단—성경의 구절, 기도 중 확신, 자기 평가, 상담과 조언, 환경의 문—보다는 활용의 빈도가 훨씬 떨어질 것입니다.

결혼과
하나님의 뜻 _____

10장

하나님의 뜻이 무엇인지를 설명하는 1장에서, 하나님의
뜻은 크게 '보편적 하나님의 뜻'과 '개별적 하나님의 뜻'으
로 대별된다고 밝혔습니다. 전자는 모든 그리스도인에게
똑같이 적용되는 하나님의 뜻으로서, 성경에 그 내용이 명
시적으로 표현되어 있습니다. 반면에 후자인 개별적 하나
님의 뜻은 그리스도인 각자에 따라 다르게 적용이 되고,
그 구체적 내용이 무엇인지 성경에 나와 있지 않습니다.

1-9장에서는 두 가지 종류, 즉 보편적 하나님의 뜻과
개별적 하나님의 뜻이 무엇인지를 살피는 데 초점을 맞추
어 왔습니다. 10-12장에서는 특정 사안이나 영역—결혼,
직장, 교회 선택—에서 하나님의 뜻을 찾는 일에 주력할

것입니다.

세 가지 사안/영역 가운데 먼저 결혼과 관련한 하나님의 뜻부터 알아봅시다. 여기에서 말하는 '결혼'은 결혼생활 자체보다도 결혼에 이르기까지의 과정을 염두에 두고 있습니다. 즉 결혼을 하려면 어떤 배우자를 찾고 만나야 하는지가 주안점입니다. 물론 내용 전개상 결혼생활이 연관되는 수도 있겠지만, 그것은 어디까지나 부차적이고 간접적인 언급에 불과합니다.

결혼에 대한 하나님의 뜻을 알아보려면 두 가지 하나님의 뜻─보편적 하나님의 뜻과 개별적 하나님의 뜻─을 모두 고려해야 합니다. (이것은 다음 두 장에서 다룰 '직장'이나 '교회 선택'의 경우에도 마찬가지입니다.) 먼저, 결혼에 대한 보편적 하나님의 뜻부터 살펴보겠습니다.

결혼에 대한 보편적 하나님의 뜻

결혼에 있어서 그리스도인 모두에게 적용되는 하나님의 뜻은 무엇일까요? 성경은 결혼과 관련하여 어떤 보편적 교훈을 가르치고 있을까요? 두 가지 빼놓을 수 없는 항목이 떠오릅니다. 하나는 결혼 자체에 대한 교훈이고, 또 하나는 결혼 대상에 대한 교훈입니다.

결혼에 대한 하나님의 뜻

창 2:24 이러므로 **남자가 부모를 떠나 그의 아내와 합하여 둘
이 한 몸을 이룰지로다.**

하나님께서는 남자를 지으시고(창 2:7) 사람이 혼자 사
는 것이 좋지 않다 여기셔서(18절), 여자를 만드신 후(22
절) 둘이 한 몸을 이루도록 조치하셨습니다. 예수께서도
창세기의 기사를 떠올리며 결혼의 제도를 당연한 규례로
인정하십니다(마 19:4-5). 따라서 사람이 태어나 성장한
후 결혼을 하는 것은 모든 사람을 향한 하나님의 뜻이라
고 할 수 있습니다.

그렇다고 하여 예외가 존재하지 않는다는 말은 아닙니
다. 타락하고 나서 이 세상에는 결혼을 할 수 없는 사태가
빚어졌는데, 예수께서는 이에 대해 다음과 같이 말씀하십
니다.

마 19:12 **어머니의 태로부터 된 고자도 있고 사람이 만든 고자
도 있고 천국을 위하여 스스로 된 고자도 있도다.** 이 말을 받

을 만한 자는 받을지어다.

예수께서는 결혼을 하지 않게 되는 세 가지 예외적 상황으로서, ① 선천적 요인에 의한 신체 상태, ② 사회적 환경으로 인한 변고, ③ 종교적 신념에 의한 선택을 거론하십니다. 이 가운데 셋째 사항은 후에 사도 바울의 권면에서도 비슷한 형태로 반복됩니다.

> **고전 7:7** **나는 모든 사람이 나와 같기를 원하노라**. 그러나 각각 하나님께 받은 자기의 은사가 있으니 이 사람은 이러하고 저 사람은 저러하니라.

위의 구절은 소위 '독신의 은사'를 뒷받침하는 성구로 널리 알려져 있습니다.

이상의 내용을 고려할 때 상기한 예외적 경우에 해당하지 않는 모든 이들은 결혼을 하는 것이 하나님의 뜻이라고 할 수 있습니다.[1] 요즘처럼 젊은 세대 사이에 비혼非婚의 풍조가 편만한 상황에서 "결혼해야 한다"라고 주장하는 일은, 상당히 냉담한 반응을 일으키기에 적격일 것입니다. 그러나 어쨌든 성경에는 결혼이 대부분의 그리스도인을 향한 하나님의 뜻으로 표명되어 있습니다.

결혼 대상에 대한 하나님의 뜻

기독교 전통에서는 그리스도인은 그리스도인과만 결혼해야 한다고 주장해 왔습니다. 그에 대한 성경의 증거는 두 가지입니다.

고전 7:39 아내는 그 남편이 살아 있는 동안에 매여 있다가 남편이 죽으면 자유로워 **자기 뜻대로 시집갈 것이나 주 안에서만 할 것이니라.**

남편과의 사별 후 재혼이 가능하지만 그 대상은 그리스도인이어야만("주 안에서만") 한다는 것입니다.

고후 6:14 너희는 **믿지 않는 자와 멍에를 함께 메지 말라.** 의와 불법이 어찌 함께하며 빛과 어둠이 어찌 사귀며

상당수의 주석가들은 믿지 않는 자와 함께 멍에를 멘다는 것에는 그와의 혼인이 해당된다고 해석합니다.[2] 어떤 지도자들은 비신자와의 결혼은 단순히 견해나 입장이 다른 대상과의 결속 정도가 아니고, 아예 양립이 불가능한 두 주인—"그리스도와 벨리알"(고후 6:15)—을 함께 섬기

려는 반역적 획책이라고까지 경고합니다.[3]

비신자와의 결혼이 하나님의 뜻에 어긋난다는 신념은 단연코 서양 그리스도인들 사이에서 더욱 강고强固합니다. 그들은 그리스도인 가운데 배우자를 찾지 못한다면, 차라리 평생을 독신으로 지내라고 권면하는 일조차 불사합니다. 서양의 그리스도인들—특히 여성 선교사들—가운데 독신이 많은 이유는 이런 신앙적 배경 때문입니다.

비신자와의 결혼을 불허하는 방침은 성경의 교훈이기도 하지만 결혼생활을 경험한 이들의 강력한 추천 사항이기도 합니다. 결혼을 하고 나서는 부부가 함께 크고 작은 일들을 결정해야 하는데, 그리스도인이 아닌 배우자와 생활할 경우 사사건건 의견 차이와 대립에 직면하게 된다는 것입니다. 공통의 신앙을 가진 부부라 할지라도 견해 차이로 갈등을 겪는 법인데, 신앙을 갖지 않는 이와의 삶에서는 그런 갈등의 빈도와 정도가 한결 커지게 마련입니다. 그리하여 재정 사용, 주일·주말·저녁의 시간 계획, 초대하는 손님의 타입, 아이의 교육 방침, 문화 프로그램에의 참여 등 모든 사안에서 다툼이 초래됩니다.

물론 소수의 경우에는 비신자와 결혼을 하고서도 비교적 큰 분란 없이 잘 지내는 부부도 있습니다. 또 같은 그리스도인끼리 결혼했다고 하면서도, 부부의 결정 방식과 내용에 차이가 커 하루가 멀다 하고 싸우는 예도 목격이 됩니다. 그러나 대체로는 같은 신앙을 가지고 사는 이들이 한쪽만 신앙을 가지고 사는 이들보다 훨씬 더 안정적인 결혼생활을 유지하는 것으로 보입니다.

꽤 오래전 일로서, 비신자 남성과 결혼했지만 결국에는 기독교 신앙을 갖도록 하는 데 성공한 어떤 여성 교수의 말이 생각납니다. 제자들이 그런 결혼에 대해서 묻자, "내 경우에는 다행히 남편이 믿고 신앙적으로도 꽤 좋아졌지. 그러나 그렇게 되기까지 고통과 어려움의 시간이 너무 길었어. 만일 믿는 이와 결혼했더라면 그런 시간을 좀 더 생산적인 일에 투입했을 텐데 말이야. 나는 자네들에게 될 수 있으면, 아니 반드시 그리스도인과 결혼하라고 이야기하고 싶어"라고 답변했습니다. 그야말로 삶으로부터 묻어난 지혜의 권면이 아니겠습니까?

결혼에 대한 개별적 하나님의 뜻

독신의 은사를 받지 않은 그리스도인들의 경우, 자신의 장래 배우자를 어떻게 찾아야 할까요? 누구를 자신의 배우자로 선택해야 할까요? 이것은 그리스도인 각자에 따라 하나님의 뜻이 다르고, 또 성경 어디에도 이에 대한 힌트가 나와 있지 않습니다. 그래서 배우자 선택과 관련해서는 하나님의 개별적 뜻을 고려하지 않을 수 없습니다.

여기서는 자신에게 맞는 이성의 대상을 찾고자 할 때, 어떻게 개별적 하나님의 뜻을 파악할 수 있을지 알아봅시다. 개별적 하나님의 뜻을 분별하는 데는 다섯 가지 수단/방편이 활용된다는 것을 꼭 기억하시기 바랍니다.

성경의 구절을 통한 하나님 뜻의 분별

누가 자신에게 맞는 이성의 짝인지를 찾는 데는 성경의 구절이 별 특유의 역할을 하지 않습니다. 혹시 그렇게 되는 수도 있겠지만, 그것은 어디까지나 우발적인 일이지 둘 사이에 내적 연관성이나 필연성이 개재되어 있는 것은 아닙니다.

기도 중 확신을 통한 하나님 뜻의 분별

기도를 한다고 해서 자신이 누구를 장래의 짝으로 맞아야 할지 반드시 알게 되는 것은 아닙니다. 물론 그런 경험을 하는 이도 있을 수 있습니다. 그러나 이것은 위의 경우처럼 어쩌다 발생한 우발적 사태이지 필연적으로 그렇게 되어야만 했던 것은 아닙니다.

자기 평가를 통한 하나님 뜻의 분별

이 방편은 미래의 짝을 찾는 데에 본질적으로 연관이 되고 필수적으로 취해야 하는 항목입니다. 자기 평가의 과정이 없으면 이성의 대상과 연관해 하나님의 뜻을 파악하는 일은 불가능하다고 해도 과언이 아닙니다. 그런데 앞에서도 밝힌 것처럼 자기 평가에서는 세 가지 요소— 욕구, 능력, 기질—를 고려해야 합니다.

욕구를 통한 분별

여기에서 '욕구'란 이성을 염두에 둘 때 본능적으로 끌리거나 자기도 모르게 마음이 쏠리는 양상들을 말합니다. 네 가지 항목을 언급하고자 합니다.

- 용모, 외양, 차림새, 말투, 몸가짐, 이성적 매력 등.
- 학식, 지력, 두뇌, 유머 감각 등.
- 재력, 수완, 영향력, 리더십 등.
- 경건한 자태, 기독교적 교양, 교회활동 경력 등.

어떤 그리스도인이 위의 특징을 지닌 이성과 함께하고 싶은 욕구를 강하게 느낄 때, 그 이성이 하나님의 뜻에 맞는 대상이라고 생각해도 될까요?

5장에서 밝혔듯 욕구의 타당성은 욕구의 동기와 연관이 됩니다. 우리의 욕구는 하나님에 의해 추동된 타당한 것일 수도 있고, 반대로 세속적 가치관에 자극받아 형성된 부당한 것일 수도 있습니다. 그러므로 동기가 올바르면 바람직한 욕구로 분류되기 때문에, 하나님의 뜻을 분별하는 데 이런 욕구에 큰 비중을 두어도 크게 문제 되지 않습니다. 그러나 동기가 그릇되면 욕구도 오염되므로, 그런 욕구에 의존하여 하나님의 뜻을 찾는 것은 바람직한 일이 아닙니다.

능력을 통한 분별

지금 말하는 '능력'은 결혼생활에서의 동반자적 관계가 유연히 이루어지도록 하기 위해 필요한 특질이나 조건을 갖춘 인물이 누구인지 찾아내는 (혹은 어떤 특정 대상이 그런 특질이나 조건을 갖추고 있는지 알아내는) 역량을 의미합니다. 그런데 무엇이 그런 특질이나 조건에 해당할까요?

우선, 다음과 같은 특질을 발견할 수 있는 대상이라면 하나님의 뜻에 합치되는 것으로 볼 수 있습니다.

- 신앙적 · 도덕적 면모: 하나님과의 교제 및 경건생활을 최우선으로 여김. 그리스도를 닮고자 힘씀. 형제자매와 이웃을 배려하는 자세.
- 꿈꾸는 부부상: 상호 복종, 존경, 희생적 사랑의 실행.
- 벗 됨에의 열망: 낭만적 사랑을 넘어 흉허물 없는 우정의 나눔.
- 일상사에서의 상통성: 풍부한 대화거리. 공통의 관심사 및 취미.

또, '사회 환경적 조건'이 자신과 너무 이질적이거나 격차가 크지 않은 대상일수록 하나님의 뜻에 가깝다고 할 수 있습니다. 그런 조건들을 구체적으로 열거해 보자면 나이, 교육 정도, 경제 상태, 라이프스타일, 가정 배경, 사회적 지위, 인종/민족 등이 해당됩니다. 물론 그렇다고 하여 이런 조건상 차이가 나는 이들에 대해서, 무조건적으로 하나님의 뜻이 아니라고 여겨 마음을 닫으라는 말은 아닙니다. 단지 서로 간의 사회·환경적 조건이 너무 다른 경우 결혼생활에 갈등과 분란의 소지가 커질 수 있음을 지적하려는 것입니다.

기질을 통한 분별

우리는 기질이나 성격의 특징을 고려함으로써도 상대 방이 하나님의 뜻에 상합하는 인물인지 아닌지를 판정할 수 있습니다. 그런데 기질은 결혼생활의 성숙과 조화를 이루는 데에 두 가지 서로 다른 방식으로 작동합니다. 첫째 방식은 **상극 폐해적**相剋 弊害的 **패턴**으로서, 이것은 기질이 비슷하기 때문에 오히려 서로에게 해가 되는 경우를 말합니다.

구체적인 예를 들어 설명해 봅시다. 성급하고 판단이 빠르고 예민하며 신경질적인 기질의 남성 M이 있다고 합시다. 그리고 M의 앞에는 반응과 판단이 느리고 둔하며 온화한 기질의 여성(W_1)이 있고, 또 M 자신과 똑같은 기질의 여성(W_2)이 있다고 합시다. 이때 기질의 관점에서 본다면, M에게는 W_1이 적합한 배우자감이고 W_2는 그렇지 않다고 할 수 있습니다. 왜 그럴까요? M이 W_1과 결혼을 할 경우, 민감한 기질과 느린 기질이 만나는 것이기 때문에 일이 잘못되는 때라도 충돌이나 상쟁의 결과가 생길 확률은 아주 낮습니다. 그러나 만일 M이 W_2와 가정을 꾸미게 되면, 어려운 고비를 겪는 족족 서로의 기질이 마찰을 빚어 가정에 풍파가 닥칠 것입니다. 따라서 M의 입장에서 보자면, W_1은 하나님의 뜻에 가깝고 W_2는 하나님의 뜻으로부터 멀다고 말하는 것입니다.

둘째 방식은 **다다익선적**多多益善的 **패턴**인데, 이는 비슷한 기질을 가진 이들이 조화롭게 사는 모습을 가리킵니다. 이 경우, 배우자끼리의 기질이 비슷하면 비슷할수록 그 효과는 증대합니다. 예를 들어, 성격이 활달하고 정이 많으며 상상력이 풍부한 어떤 여성이 있다고 합시다. 그런데 그녀 앞에 자신과 비슷하게 다정다감하고 적극적이며 창의성이 뛰어난 남성이 나타났다고 합시다. 이때 기질만을 따진다면 이 여성은 이 남성과 결혼하는 것이 하나님의 뜻이라고 해야 할 것입니다.

그렇다면 같은 성향의 배우자를 만나면 상승효과가 더욱 커지는 기질이 있고[다다익선적 패턴], 충돌과 마찰의 가능성 때문에 같은 성향의 배우자를 선택하지 않는 것이 좋은 기질[상극 폐해적 패턴]도 있다고 하겠습니다. 이 두 가지를 잘 구별하는 것이 기질과 관련하여 하나님의 뜻을 정확히 찾아가는 지름길이 될 것입니다.

상담과 조언을 통한 하나님 뜻의 분별

상담과 조언의 수단 역시 결혼에서 개별적 하나님의 뜻을 분별하는 데 필수불가결한 항목이 됩니다. 결혼을 하고자 하면서 믿을 만한 이들로부터의 상담/조언을 마다하는 사람이 있다면, 이는 결단코 우매자의 표상이 될 것입니다. 이때 결혼의 당사자가 기대할 수 있는 상담/조언의 내용은 주로 자기 평가에 관한 것입니다. 즉 욕구, 능력, 기질에서 자신의 분별·평가·판정이 얼마나 정확한지, 오해나 착오는 없는지, 좀 더 고려할 바가 무엇인지 알아보라는 말입니다. 그런데 결혼과 관련하여 상담/조언을 구할 대상은 주로 부모와 신앙 지도자입니다.

부모로부터의 도움

부모가 결혼 문제에서 상담이나 조언의 도움을 베풀기에 적격인 이유는 세 가지입니다. 첫째, 부모는 (그들이 영적으로 성숙했다고 전제할 경우) 결혼과 관련한 문제점, 시험, 어려움 등을 신앙적 각도에서 조망할 능력이 있습니다. 둘째, 부모는 이미 자신들이 결혼을 경험했고, 또 다른 가족이나 주위 사람들의 결혼생활을 간접 경험으로 파악하고 있기 때문입니다. 셋째, 자녀를 잘 알고 그들에 대해 지대한 관심을 표명하며 그들이 잘되기를 진정으로 염원한다는 점에서, 부모를 능가할 이들이 없기 때문입니다.

그러나 동시에 우리는 상담가와 조언가로서 부모의 한계/약점 또한 거론하지 않을 수 없습니다. 첫째, 부모가 자신의 욕망을 은근히 자식에게 투사하고 자식의 결혼을 자기 욕망의 확장 기회로 삼는 수가 있습니다. 이런 관행과 행습을 오랫동안 당연시해 왔고, 아직까지도 그 잔재가 제거되지 않은 것입니다. 둘째, 전통적인 유교식 가치관에 심취한 부모일수록 자식의 혼사를 가족(혹은 가문)의 위신과 체면에 입각해 조망하려는 문화적 습성이 강합니다.

그러므로 자녀의 입장에서는 자기 부모의 특성을 잘 파악하여 부모의 조언과 훈계를 어느 정도까지 수용할지 자기 주체적으로 결정해야 합니다. 특히 사귀는 대상이 하나님의 뜻이라고 생각하는데 부모의 반대가 심한 경우, 자녀 입장에서는 부모에 대해 어떻게 처신하고 대응할지 최대로 신중을 기해야 합니다. 우선, 반대의 이유가 무엇인지 정확히 알아내야 하고, 하나님 앞에서 자신의 입장을 정해야 하며, 쉬운 일은 아니지만 부모에게 무례를 범하지 않으면서도 자신의 의향을 소신 있게 전달할 수 있어야 합니다.

신앙 지도자로부터의 도움

인생의 반려자를 찾는 문제에서, 부모만큼은 아니지만 그래도 꽤 도움을 줄 수 있는 인물이 교회의 사역자(목회자)입니다. 목회자를 상담과 조언의 적임자로 보는 것은 두 가지 이유 때문입니다. 첫째, 대부분의 목회자들은 이성과의 사귐·결혼 문제 등과 관련하여 신앙적으로 상당한 지도 경험을 가지고 있습니다. 둘째, 신앙 지도자 역시 당사자를 어느 정도 잘 알고 있고 그의 영적 성숙과 번영에 큰 관심을 가지고 있기 때문입니다.

그러나 역시 신앙 지도자의 경우에도 제약점은 있습니다. 첫째, 목회자가 결혼과 관련하여 당사자의 입장—그의 필요, 그의 속마음, 그의 처지 등—을 충분히 고려하지 않고 그저 자신의 관점이나 시각만이 합당한 것으로 속단하는 수가 있습니다. 둘째, 목회자가 두 사람에게 조금도 자주권을 허락하지 않고 오직 자기 뜻대로 결혼을 시키려는 일념하에 은근히 간섭하고 압박을 가하는 수가 있습니다.

따라서 신앙 지도자의 상담이나 조언 역시 한편으로 귀하게 여기고 귀를 기울이되 동시에 유보와 비판의 태도 또한 함께 요구된다고 하겠습니다.

환경의 문을 통한 하나님 뜻의 분별

인생의 짝에 대한 하나님의 뜻을 분별할 때 환경의 문이라는 수단 한 가지에 의존하는 것은 위험 부담이 매우 크다고 7장에서 밝힌 바 있습니다. 뜻하지 않은 장소에서

호젓이 만나게 되었다든지, 몇 년 동안 소식이 끊겼었는데 최근 연거푸 세 번이나 마주쳤다든지 하는 것 때문에 하나님의 뜻이 확실해진 것으로 판정할 수는 없다는 말입니다.

생애의 반려자에 대한 개별적 하나님의 뜻을 분별하는 데는, 자기 평가의 수단과 상담과 조언의 수단이 가장 중요합니다. 둘 중에서도 대체로 자기 평가의 수단이 더 우위에 놓입니다. 그러나 사람에 따라서는 상담과 조언의 수단이 더 비중 있게 작용할 수도 있습니다. 성경의 구절 수단과 기도 중 확신 수단은 활용이 되면 좋겠지만, 대부분의 경우 그렇지 않을 것입니다. 환경의 문의 경우에는 항시 부차적이고 부수적인 역할만을 부여하는 것이 안전합니다. 즉 자기 평가의 수단과 상담/조언의 수단을 통해 어떤 대상이 하나님의 뜻인 것 같다는 개연성이 높아지고 나서, 그런 결과를 추가 인증하는 정도로만 그 유용성을 수용하는 것이 좋습니다.

직장과
하나님의 뜻

하나님의 뜻을 '보편적 하나님의 뜻'과 '개별적 하나님의 뜻'으로 나누어 생각하는 것은, 특정 영역에서 어떻게 하나님의 인도를 받을 수 있는지 파악할 때 매우 유용합니다. 이 장에서는 직장과 연관하여 하나님의 뜻을 살펴보려고 합니다.

'직장'은 '회사나 관청 따위와 같이 보수를 받으며 일을 하는 곳'으로서, 종종 '일', '노동', '직업' 등의 연관 개념들과 맞물려 등장합니다. 이 연관 개념들의 사전적 의미는 다음과 같습니다.

- **일**: 생산적인 목적을 위하여 몸이나 정신을 쓰는 모든 활동.

- **노동:** 사람이 생활에 필요한 물자를 얻기 위하여 손, 발, 두뇌 등의 활동으로 이루는 일체의 목적을 가진 의식적 행위.
- **직업:** 개인이 사회에서 생활을 영위하고 수입을 얻을 목적으로 한 가지 일에 종사하는 지속적인 사회활동.

이 단어들은 위의 내용처럼 의미가 서로 다르지만, '직장'이라는 단어 속에 이러한 연관 개념들이 한데 녹아 있는 것으로 보고 글을 이어 가겠습니다. 물론 '직장' 대신 다른 단어[일, 노동, 직업]를 사용하는 경우도 있을 것입니다. '직장'이라고 해서 급료를 받는 일터만을 염두에 둔 것은 아니고, 전업주부가 매일 생활하는 가정처럼 이윤 추구와 무관한 활동의 영역도 포함됩니다. 또 무료 급식 센터의 경우와 같이 노숙자들을 돕는 자원봉사의 현장 역시 '직장'의 범주에 넣고 내용을 살펴보겠습니다.

일/직업에 대한 보편적 하나님의 뜻

성경에는 모든 사람이 다 일해야 한다고 명시적으로 말한 곳은 없습니다. 그러나 다음의 성구들은 우리 모두가 일해야 한다는 사실을 충분히 가르치고 있습니다.

출 20:9 엿새 동안은 힘써 **네 모든 일을 행할 것**이나

엿새 동안에 해야 할 "모든 일" 가운데에는 분명코 우리의 직업적 노력도 포함됩니다.

살전 4:11 또 너희에게 명한 것같이 조용히 자기 일을 하고 **너희 손으로 일하기를 힘쓰라.**

살후 3:12 이런 자들에게 우리가 명하고 주 예수 그리스도 안에서 권하기를 조용히 **일하여 자기 양식을 먹으라** 하노라.

당시 데살로니가의 그리스도인들 사이에는, 주님의 재림에 대한 각성을 빌미로 하여 은근히 무위도식을 정당화하는 이들이 있었습니다. 이런 이들을 겨냥한 바울의 경고성 권면에는 모든 이가 생계를 위해 일해야 한다는 기본 전제가 깔려 있습니다.

엡 4:28 도둑질하는 자는 다시 도둑질하지 말고 돌이켜 **가난한 자에게 구제할 수 있도록 자기 손으로 수고하여** 선한 **일을 하라.**

그뿐만이 아닙니다. 모든 이가 일하여야 할 이유는 도둑질 방지와 자신의 생계 마련에만 있는 것이 아닙니다. 한 걸음 더 나아가 우리 주위의 가난한 이웃을 돕기 위해서라도 우리 모두는 일을 해야 합니다.

이상에서 보여 주듯 모든 사람은 최소한 도둑질을 피하기 위해서, 생계를 꾸리기 위해서, 또 가난한 이웃을 돕기 위해서 일하는 것이 마땅합니다. 그런데 일부 그리스도인들은 성경의 어떤 내용을 곡해하여 생계유지를 위한 일의 수행을 가벼이 여기거나 아예 배척하기도 합니다.

요 6:27 썩을 양식을 위하여 일하지 말고 영생하도록 있는 양식을 위하여 하라. 이 양식은 인자가 너희에게 주리니 인자는 아버지 하나님께서 인치신 자니라.

그러나 예수께서 이 말씀을 하신 이유는 오병이어의 기적에 표면적으로만 매료된 당시 사람들의 천박한 영성을 나무라기 위해서였습니다. 그들은 먹고사는 일에만 분주한 나머지 생명의 근원에 대해서는 관심도 이해 능력도 없었습니다. 따라서 이 말씀의 목적은 그들의 주의를 환기해 영생을 추구하도록 자극하는 데 있지, 생계유지를 위한 노력 자체가 쓸데없음을 말씀하시려는 것이 아니었습니다.

직업/직장에 대한 개별적 하나님의 뜻

그러면 그리스도인들은 어떤 직업을 자신의 것으로 택해야 할까요? 어떤 직종과 어떤 일거리가 자신에게 맞는 것이라고 판정을 내릴 수 있을까요? 어떻게 하면 그리스도인 각자는 자신의 일터와 직장에 대한 하나님의 뜻을 발견할 수 있을까요? 이러한 일련의 질문은 우리로 하여금 일/직업/직장에 대한 개별적 하나님의 뜻이 무엇인지 찾게끔 합니다. 그렇다면 우리는 일과 관련해서도 다섯 가지 수단/방편을 적용해 봐야 할 것입니다.

성경의 구절을 통한 하나님 뜻의 분별

자신에게 적합한 직업을 선택하는 데에 성경 구절이라는 방편은 그리 의미심장한 역할을 하지 않습니다. 이것은 10장에서 이성의 짝을 찾을 때 언급한 바와 대동소이합니다. 물론 어떤 특정 구절이 계기가 되어 드물게 직업 선택의 물꼬가 트이는 사례가 있음을 부인하지는 않겠습니다. 그러나 혹시 그런 경험을 했다 할지라도 그 같은 사례는 매우 드물고 우발적이며 기대치가 낮은 현상임을 알아야 합니다. 또 이 방편 한 가지만으로 섣불리 일/직업에 관한 하나님의 뜻을 결정하지 않도록 신중을 기해야 합니다.

기도 중 확신을 통한 하나님 뜻의 분별

이 수단/방편 역시 자신의 직장을 찾아내는 데에 중요한 역할을 하지는 않습니다. 그래도 어쩌면 전술한 성경 구절의 수단/방편보다는 좀 더 높은 점수를 매겨야 할지도 모르겠습니다. 자신의 일/직업/직장과 관련해 기도를 규칙적으로 빈번히 하는 이일수록 이 수단을 통한 하나님의 뜻 분별에 좀 더 기대를 걸 수도 있겠지요. 그러나 기도가 하나님의 뜻을 깨우치는 건전한 수단이 되기도 하지만, 어떤 경우에는 자신의 기존 욕구를 편향적으로 강화하는 어두운 면도 있음을 간과해서는 안 됩니다.

기도 중 확신이 건전한 수단으로 작동했다고 해도, 성경의 구절을 통한 뜻 분별에서 말한 내용들이 여기서도 유효합니다. 즉, 이런 사례를 예외적인 사례로 여겨야 한다는 것과 이 한 가지 방편만으로 하나님의 뜻이 판명 난 것인 양 성급히 결론 짓지 말아야 한다는 것입니다.

자기 평가를 통한 하나님 뜻의 분별

이제 우리는 일/직업/직장과 관련하여 하나님의 뜻을 분별하는 데에 가장 핵심적이고 지극히 중요한 수단/방편에 이르렀습니다. 직업이나 직장에 대한 하나님의 뜻을 찾는다고 하면서 자기 평가의 수단을 도외시한다면, 이것은 자기 모순적인 행태일 것입니다. 결혼에 대해 살펴볼 때 설명했듯이, 직장에 대한 하나님의 뜻을 분별할 때도 자신의 욕구·능력·기질을 고려하는 것이 곧 자기 평가의 핵심입니다.

욕구를 통한 분별

일/직업과 관련한 욕구는 관심과 흥미를 망라하는 개념입니다. 좀 더 구체적으로 표현하자면, "~하고 싶다", "~에 관심이 쏠린다", "~에 흥미를 느낀다"는 말입니다. 그런데 일/직업에 대한 욕구는 대체로 보아 세 가지 방식으로 표현이 됩니다.

첫째, 직업과 관련된 어떤 특정 활동에 관심이 쏠리고 흥미를 느끼게 됩니다. 예를 들어, 사람들을 설득하여 상품에 대한 구매력을 높이는 것을 보고 매력을 느낀다든지, 인공지능 분야의 발전에 기여하는 논문 발표에 깊은 인상을 받는다든지, 희귀한 동물의 행태를 사진으로 찍는 일에 매료된다든지, 꼼꼼한 문서 정리에 흥미를 나타낸다든지 하는 것들입니다. 각각의 경우, 그런 활동에 걸맞은 직업이 하나님의 뜻일 수 있다는 말입니다.

둘째, 어떤 전공 분야를 택하고 싶다든지 특정 기술을 배워 보고 싶다든지 하는 마음이 듭니다. 구소련의 연방에 거주하는 고려족의 한글 어휘와 연변에 있는 조선족의 한글 어휘 사이에 차이점이 무엇인지 알고 싶은 나머지, 국문학·비교언어학·언어사회학 등의 과목을 수강하기 시작합니다. 된장을 외국인에게 상품화하는 데에 무엇이 필요하고 어떤 기술—냄새 처리, 냉동법, 특수 통조림 방식 등—이 요구되는지 알아보곤 합니다. 애완용 동물의 기생충 제거에 관한 신상품을 어떻게 선전해야 할지 고민하는 가운데 광고심리학이나 카피라이팅의 분야에 전에 없던 호기심이 생기기도 합니다. 이런 관심 분야와 연관된 직업을 고려하는 것 또한 하나님의 뜻에 근접하는 길이라 하겠습니다.

셋째, 어떤 특정 직업에 대해 뚜렷한 선호성을 표현합니다. "나는 꼭 변호사가 되고 싶다"라든지, "연예인이 될 수만 있다면 얼마나 좋을까?", "슈바이처 같은 의사가 되고 말 거야" 등의 언급이 우리의 욕구를 나타내 주는 전형적인 예라고 할 수 있습니다.

그러나 이미 5장에서 밝힌 것처럼 우리의 욕구는 타당할 수도 있고 그렇지 않을 수도 있습니다. 그리고 이를 판정하는 중요한 기준으로서 욕구의 동기 문제를 거론했습니다. 즉 우리의 욕구가 어떤 사안에 대한 순수한 마음이나 이웃 사랑에 의해 추동된 것이라면 타당한 욕구라고 판정할 수 있겠고, 반대로 자기 욕심과 세속적 가치에 의해 형성된 것이라면 부득불 타당하지 않은 욕구라고 해야할 것입니다. 그런데 앞에서 언급한 표현 방식 가운데 첫째와 둘째 내용은 대체로 타당한 동기에 의한 욕구로 인정받을 수 있겠지만, 특정 직업을 선호하는 셋째 항목의 경우에는 타당하지 않은 욕구일 가능성이 꽤 큽니다. 이것은 특히 세상에서 '잘나가는' 직업의 경우에 더욱 그러합니다.

이러한 선호 현상이 문제되는 것은, 특정 직업에 대한 우리의 욕구가 종종 바람직하지 않은 요인과 압박에 의해 형성되곤 하기 때문입니다. 예를 들어, 어쩌면 그 특정 직업이 가져다주는 좋은 조건들, 그러니까 높은 연봉 수준, 자신의 능력 과시, 세상에서의 성공 보장 등에 마음이 동한 것일 수도 있고, 부모와 가문의 위신이나 체면을 세우고자 하는 일념에서 비롯된 것일 수도 있으며, 흔히 그렇듯 좋은 직업에 대한 이 세상 사람들의 맹목적 집착에 똑같이 물든 연고일 수도 있기 때문입니다.

능력을 통한 분별

여기에서 말하는 능력은 특정 직업/직장에서 요구하는 바를 제대로 수행할 수 있는 재능이나 솜씨를 가리킵니다. '적성', '은사' 등을 아우르는 의미입니다. 이런 능력이 없이는 그 누구도 직장생활이나 직업활동을 제대로 펼칠 수 없기 때문에, 직업/직장에 관한 하나님의 뜻을 찾는 데에 이보다 더 중요한 항목은 없다고 해도 결코 과언이 아닙니다.

능력/적성/은사는 선천적으로 타고난 것일 수도 있고 후천적 습득에 의한 것일 수도 있습니다. 어떤 전문가는 일의 수행 능력을 **적응 능력**adaptive skills과 **수행 능력**performance skills으로 대별합니다. 한 개인의 적응 능력은 '그 사람은 … 이다'라는 문장 형식으로 나타낼 수 있습니다. 구체적으로 열거하자면 그 사람은 "양심적이다", "옷을 적절히 입는다", "바쁜 것을 힘들어하지 않는다", "우호적이다", "솔직한 관계를 맺는다", "객관적이고 사물의 양면을 본다", "변화에 열려 있다", "목적 지향적이다", "지략이 풍부하고 창의적으로 문제를 해결한다", "권위를 존중한다", "자신을

194

받아들인다", "자기 훈련이 잘되어 있다", "감정 이입을
할 줄 안다", "현명하게 이끈다" 등 열다섯 가지입니다.[1]
또 수행 능력에는 다음의 열한 가지 항목이 해당됩니다.[2]

- **지능**Intelligence: 일반적인 학습 능력으로서, 교육 내용 및
  기본 원리들을 이해하고 파악하는 능력.
- **언어**Verbal: 단어나 이에 연관된 사항의 의미를 이해하고
  그것들을 효과적으로 사용하는 능력.
- **산술**Numerical: 산술 작업을 빠르고 정확하게 수행할 수 있
  는 능력.
- **공간**Spatial: 공간에 나타난 형태들을 이해하고 평면과 고
  형固形 물체들의 관계를 파악하는 능력.
- **형태 지각**Form Perception: 물체 혹은 그림·그래프 자료의 세
  부 사항을 지각하는 능력.
- **사무적 지각**Clerical Perception: 언어나 도표 자료의 세부 사
  항을 파악하는 능력.
- **운동 조정**Motor Coordination: 눈, 손 혹은 손가락을 빠르고
  정확히 조정함으로써 신속히 정확한 행동을 할 수 있는
  능력.
- **손가락 재주**Finger Dexterity: 손가락을 움직이고, 손가락으로
  작은 물체를 빠르고 정확하게 조종할 수 있는 능력.

- **손재주**Manual Dexterity: 손을 수월하고 솜씨 좋게 움직일 수 있는 능력.

- **눈-손-발 조정**Eye-Hand-Foot Coordination: 시각적 자극물에 따라 손과 발을 서로 간 조화롭게 움직일 수 있는 능력.

- **색채 분별**Color Discrimination: 비슷한 색깔과 상이한 색깔, 같은 색깔 내의 색조나 다른 차이점을 지각하거나 인지할 수 있는 능력.

이상과 같은 적응 능력과 수행 능력이 개인의 적성/능력을 구성한다고 볼 수 있습니다.

그러면 이제, 내게 그런 능력/적성이 갖추어져 있는지 여부를 파악해야 합니다. 어떻게 자신의 능력/적성을 파악할 수 있을까요? 저는 세 가지 방안을 제시하고자 합니다.

첫째, 현재까지 자신의 삶을 되돌아봄으로써 자신의 능력/적성을 파악할 수 있습니다. 자신의 전공이나 기술, 인간관계, 지적 역량, 지내 온 환경 요인(가정, 학교), 인생 경험 등을 차근차근 살핌으로써 어느 정도 자신의 능력/적성에 대한 평가가 가능합니다.

둘째, 자신이 어떤 활동이나 노력을 기울인 후, 그 성과에 대한 자신과 타인의 반응을 보아서도 어느 정도 능력/적성을 파악할 수 있습니다. 그 프로젝트를 끝내고 난 후

"얼마나 스스로 보람을 느끼고 만족할 수 있었는가?", "주위 사람들도 기꺼워했는가?", "앞으로도 비슷한 일이나 책임이 맡겨질 것 같은가" 등의 질문을 해 보면 됩니다. 만일 긍정적 답변이 산출된다면, 그 일이나 활동과 관련해 능력/적성이 맞는다고 생각할 수 있을 것입니다.

셋째, 위의 두 가지 방안이 중요하지만, 우리는 자기 인식에서도 죄의 부패성 아래 놓여 있기 때문에 자기기만 self-deception(자신의 능력/적성을 실상보다 높이 평가하게 만듦)이나 자기비하 self-debasement(자신의 능력/적성을 실상보다 열등하게 파악함)의 덫에서 벗어나기가 쉽지 않습니다. 따라서 나를 가장 잘 알고 사랑의 조언을 해 줄 수 있는 이들—부모, 학교 선배, 신앙 공동체의 지도자 등—로부터의 객관적이고 솔직한 평가가 필요합니다(이 점은 얼마 뒤에 언급할 '상담과 조언'의 방편에서 다시금 언급할 것입니다). 물론 그들로부터의 평가만이 전부라고 생각할 필요는 없지만, 동시에 자신의 능력/적성 파악에서 상당히 정확한 정보가 된다는 것도 알아야 합니다.

우리는 이제 앞에서 언급한 적응 능력과 수행 능력 가운데 어떤 항목이 자신에게 해당되는지 파악하여 자신을 정확히 확인하는 일이 필요합니다. 그런 적성/능력과 맞아떨어지는 직업/직종일수록 하나님의 뜻에 가깝다고 할 수 있기 때문입니다.

기질을 통한 분별

기질은 사람의 행동이나 성격에서 뚜렷하게 드러나는
유전적·생물학적·감정적 경향을 의미합니다. 기질을 이
렇게 이해할 때, 기질 하나만으로 직업/직장과 관련한 하
나님의 뜻을 분별하기란 상당히 어렵습니다. 그런데도 진
로상담가들 중에는 MBTI에 의거한 유형에 따라 어떤 직
업이 적합할지 안내할 정도로[3] 기질의 역할을 매우 중시
하기도 합니다. 그런데 이런 이들이 제시하는 MBTI의 유
형들은 본인이 조금 전에 묘사한 기질뿐이 아니고 적성/
능력 등의 개념까지 합친 것 같은 인상을 줍니다.

어쨌든 저는 기질 한 가지로써 특정 직업이 하나님의
뜻을 가리킨다는 주장은 무리수가 있다고 봅니다. 5장에
서도 언급했지만, 이 점에서는 큰 영역에서의 하나님 인
도와 작은 영역에서의 하나님 인도를 나누어 보는 방법이
도움을 줍니다. 기질은 내가 목회자가 되느냐 컴퓨터 공
학자가 되느냐 하는 사안[큰 영역]에서는 의미 있는 기여
를 별로 하지 못합니다(100퍼센트 쓸데없다는 말은 아닙니다).
그러나 일단 목회자로 부름을 받고 나서, 제자훈련 사역
에 참여할지 아니면 상담 사역에 참여할지의 문제[작은 영

역]에서는 자신의 기질이 어떤지가 하나님의 뜻을 분별하는 데 다소 중요한 몫을 합니다.

상담과 조언을 통한 하나님 뜻의 분별

직업/직장과 관련한 하나님의 뜻을 분별하는 데에 상담과 조언의 방편은 자기 평가의 방편 다음으로 중요합니다. 직업과 관련한 자신의 욕구가 얼마나 정당한지, 또 자신에게 갖추어져 있다고 생각하는 수행 능력—적응 능력과 수행 능력—이 얼마나 객관적인지 점검을 받아야 한다는 말입니다.

이때 상담이나 조언을 해 줄 수 있는 일차적 자격자는 부모입니다. 이 글의 6장에서도 언급했듯 부모만큼 우리를 잘 알고 우리에게 지대한 관심을 가지며 우리가 잘되기를 바라는 대상도 없기 때문입니다. 이들은 또 우리가 자란 배경, 가치관, 사고방식, 성격상의 강점과 약점 등을 잘 파악하고 있기에 더욱더 신뢰가 갑니다. 그러나 직업/직장과 관련하여 부모의 조언은 두 가지 면에서 취약함을 드러내기도 합니다. 첫째, 부모는 자녀가 직업/직종 선택을 하는 데에 자신의 욕구와 바람을 자녀에게 투영하는 수가 있습니다. 둘째, 부모는 진로 상담이나 직업 선택의 분야에서 전문가가 아니므로 필요한 정보나 마땅히 취해야 할 방침의 면에서 결손이나 착오를 초래할 수 있습니다. 따라서 진로 상담을 필요로 하는 이들은 자신이 받는 조언에 대해 자기 주체적인 평가를 내릴 수 있어야 하고 또 내려야 합니다.

동일한 원리가 신앙의 선배나 단체의 지도자들에게도 해당됩니다. 물론 이 경우에는 선배나 지도자가 상담을 필요로 하는 이의 부모처럼 자기 욕구를 투영하는 일은 상대적으로 적을 것입니다. 그러나 진로 상담의 전문성 부족 문제는 부모의 경우와 비슷합니다. 그러므로 도와줄 수 있는 신앙의 선배나 단체의 지도자가 마침 진로 상담 전문가라면 참으로 다행스러운 일입니다.

환경의 문을 통한 하나님 뜻의 분별

환경의 문이 직업/직장과 관련해 하나님의 뜻을 지시하는가에 대해서는 7장에서 언급한 바와 같이 세 가지 사항을 말할 수 있습니다.

첫째, 환경의 문이라는 수단/방편은 주로 부정적으로 작용합니다. 환경의 문이 닫히면 그것이 하나님의 뜻일 가능성이 크지만, 반면 환경의 문이 열린다고 해서 그것을 선불리 하나님의 뜻으로 여기지 말아야 한다는 것입니다.

둘째, 환경의 문은 하나님의 뜻을 판정하는 데에 부차적 방편으로 보아야 합니다. 가장 큰 비중은 자기 판단의 방편과 상담과 조언의 방편에 두는 것이 마땅합니다. 일단 자신의 능력이 확인되고 욕구가 타당한 것으로 판명된 연후에는, 환경의 문에 의한 단서나 힌트도 부차적 증거로서 채택할 수 있습니다.

셋째, 직업/직장의 선택에서 근본적 사안[어떤 직종을 선택하는 일]이 결정되면 그 직업 영역에서 발견되는 소소한 환경의 문은 주저 없이 하나님의 뜻이라고 판정할 수 있습니다.

지금까지의 내용을 참조할 때 직업/직장과 관련하여 하나님의 뜻을 분별하고자 한다면 자기 평가의 방편을 가장 우선으로 고려해야 하고, 그다음에 상담과 조언의 방편을 활용해야 합니다. 환경의 문은 소소한 영역에서가 아니라면 부차적 역할을 담당하는 것으로 보아야 합니다. 성경 구절을 통한 방편과 기도 중 확신을 통한 방편은 직업/직장을 찾는 데 가장 후순위의 역할을 합니다.

교회 선택과
하나님의 뜻

12장

상당수의 그리스도인들은 교회를 선택하는 데에서까지 하나님의 뜻을 아는 것이 필요하다고는 생각하지 않습니다. 과거에는 주로 부모나 가족이 소속된 교회를 그냥 따라 나가거나 처음 기독교를 소개한 친지나 지기의 교회를 자신의 교회로 받아들였지만, 이제는 시대가 바뀌어 사람들은 매사에 자기 주도적 선택을 선호합니다. 또 인적 연고나 매개를 최소화한 채 주로 인터넷 정보와 평점에 의거하여 자신의 선택지를 찾는 것이 대세가 되었습니다. 그럼에도 교회 선택을 놓고 여전히 하나님의 뜻을 고민하는 이들이 있어 몇 가지 사안을 짚어 보려고 합니다.

이번 장에서 말하는 교회 선택은 ① 교회를 난생처음

나가는 것뿐만 아니라 ② 교회를 옮기는 경우, ③ 변화하는 생활환경 속에서 신앙 공동체를 새로이 정해야 하는 경우까지를 포함합니다.

이 문제를 이야기하려면 결국 '교회'가 무엇인가 하는 가장 근본적인 질문에 답을 해야 합니다. 신학적으로는 이 사안이 꽤 복잡하지만, 여기서는 상식적인 차원에서 접근하고자 합니다. 사전에서는 '신자들이 예배 또는 미사 등의 종교적 의식을 진행할 수 있도록 세운 건물'로 교회를 풀이하고 있습니다. 이 정의는 교회를 교회당과 동일시하는 터라 그리스도인의 관점에서 보면 다소 불만족스러울 수 있습니다. 신약 성경에서는 교회가 건물보다는 '믿는 사람들'을 가리키는 것으로 되어 있기 때문입니다.

베드로가 투옥되었던 성경의 기사 내용을 봅시다.

행 12:5 이에 베드로는 옥에 갇혔고 **교회는** 그를 위하여 **간절히 하나님께 기도하더라**.

이 구절에 보면 "교회는 … 기도하더라"라고 되어 있는데, 교회가 건물이라면 건물이 기도한다는 진술이 되므로 이치에 맞지 않습니다. 기도는 어디까지나 인격적 행위라는 것을 감안하면, 교회를 건물로 여길 때 이런 모순이 생겨날 수 있습니다. 그렇다면 교회는 무엇일까요?

행 12:12 깨닫고 마가라 하는 요한의 어머니 마리아의 집에 가니 **여러 사람이** 거기에 모여 **기도하고 있더라**.

이 구절에서는 기도의 주체가 여러 사람인 것으로 말하고 있는데, 위에서 소개한 사도행전 12장 5절과 연계해 볼 때 교회는 '믿는 사람들'이라는 결론이 도출됩니다.

이상의 내용을 배경으로 하여 교회는 '어떤 특정 지역의 신자들이 함께 종교활동에 참여하고 세상에 흩어져 생활하는 신앙 공동체'라고 묘사할 수 있습니다. 흔히들 이야기하는 지역 교회local church가 이 개념에 거의 상응합니다. 그렇다면 교회 선택이란 여러 교회 가운데 어떤 지역 교회를 나갈지 정하는 일, 또 이러저러한 사정 때문에 지역 교회를 변경하는 일이 주요 골자가 될 것입니다.

결혼이나 직장의 경우와 마찬가지로, 교회 선택에 관한 하나님의 뜻도 보편적 하나님의 뜻[모든 그리스도인에게 공통적으로 해당되는 하나님의 뜻]과 개별적 하나님의 뜻[그리스도인 각자마다 달리 적용되는 하나님의 뜻]으로 나누어 성찰해 보도록 하겠습니다.

교회 소속에 대한 보편적 하나님의 뜻

그리스도인이면 누구나 교회에 소속되어야 한다는 주장을 성경에서 찾을 수 있을까요? 엄밀히 말해 이런 주장을 명시적으로 뒷받침할 만한 성경의 구절은 존재하지 않습니다. 물론 어떤 이는 다음과 같은 구절을 제시하기도 합니다.

히 10:25 **모이기를 폐하는 어떤 사람들의 습관과 같이 하지 말**고 오직 권하여 그날이 가까움을 볼수록 더욱 그리하자.

그러나 이 구절은 일부 히브리 그리스도인들에게서 '예배를 위한 모임'을 폐지하려는 경향이 목도되자, 꾸준한 모임 유지를 겨냥하여 책망 성격의 권면을 한 것이지 모든 이가 교회에 소속되어야 한다는 명령은 아닙니다.

또 어떤 이는 우리가 모두 그리스도의 몸을 구성하는 지체가 되었다는 점에 착안하여 모든 그리스도인의 교회 소속을 당위적 사항으로 내세울지도 모르겠습니다.

고전 12:12-13, 27 몸은 하나인데 많은 지체가 있고 몸의 지체가 많으나 한 몸임과 같이 그리스도도 그러하니라. **우리가** 유대인이나 헬라인이나 종이나 자유인이나 **다 한 성령으로 세례를 받아 한 몸이 되었고** 또 다 한 성령을 마시게 하셨느니라 … **너희는 그리스도의 몸이요 지체의 각 부분이라.**

바울은 이 구절에서 두 가지 사실을 언급합니다. 첫째, 우리는 그리스도를 믿는 순간 그리스도의 몸으로 병합倂合됩니다. 둘째, 우리는 그리스도의 몸에 병합되면서 그 몸을 구성하는 각 지체가 됩니다. 다시 말해 그리스도인치고 그리스도의 몸으로 병합되지 않는 이가 없고, 그리스도의 몸을 구성하지 않는 지체가 없다는 뜻입니다.

그러나 이러한 성경의 사실로부터 모든 그리스도인이 마땅히 교회의 소속원이 되어야 한다는 주장을 도출할 수 있을까요? 그렇지 않습니다. 고린도전서 12장 12-13, 27절의 가르침은 눈에 보이지 않는 영적 실상을 묘사하고 있습니다. 아마도 **비가시적**非可視的 **교회**invisible church라는 용어가 여기에 해당할 것입니다. 그러나 이번 장에서는 앞에서 밝혔듯 '지역 교회'를 논하고 있고, 지역 교회는 우리가 관찰하여 알 수 있는 **가시적**可視的 **교회**visible church의 면모를 띠고 있습니다.

비가시적 교회와 가시적 교회의 중요한 차이 가운데 하나는 소속의 문제입니다. 즉 두 교회는 소속원에서 일치하지 않습니다. 어떤 이는 가시적 교회[여기에서는 지역 교회]에는 소속되지 않았지만 비가시적 교회의 일원일 수 있습니다. 아마도 사도행전 8장에서 빌립의 세례를 받은 간다게 여왕의 내시(행 8:34-39)가 대표적 예일 것입니다. 그는 참으로 예수를 믿었고(난외주 37절 참조) 그 표로 세례를 받았는데, 그렇다면 그는 믿는 그 순간 그리스도의 몸으로 병합이 되었고 그리스도의 몸을 구성하는 지체가 된 것입니다[비가시적 교회에 속함]. 그러나 우리가 알기로 당시 그가 살던 에티오피아에는 지역 교회가 없었기 때문에 그런 의미에서의 교회에는 소속되지 못했습니다[가시적 교회에 속하지 못함].

또 반대 경우도 있습니다. 어떤 이는 가시적 교회[지역 교회]에 소속되어 있지만, 중생하지 않은 관계로 비가시적 교회와는 아무런 상관이 없다고 간주됩니다. 바울을 버리기 전의 데마(딤후 4:10), 요한이 말하는 공동체에서 나가기 전의 "그들"(요일 2:19), "가만히 들어온 사람 몇"(유 1:4) 등이 이런 예에 해당할 것입니다. 이들은 한때 그들이 지내던 곳의 지역 교회에 소속되어 참여했지만[가시적 교회에 속함], 참 그리스도인이 아니어서 그리스도의 몸에 병입되지도 않았고 그리스도의 몸의 지체가 된 적도 없습니다[비가시적 교회에 속하지 않음].

이처럼 고린도전서 12장 12-13, 27절의 가르침은 비가시적 교회의 실상에 대한 것이므로, 이런 진리에 기초하여 모든 그리스도인의 교회[가시적 교회, 지역 교회] 소속을 당위적 사항으로 주장할 수는 없습니다.

그러면 그리스도인이라면 누구나 교회에 소속되어야 한다는 주장이 성경에 명시적으로 나타나지 않는다고 해서, 그리스도인은 교회에의 소속을 등한시하거나 경시해도 좋은 것일까요? 아닙니다. 그런 식의 반대 극단은 훨씬 더 위험하고 해로울 수 있습니다. 지역 교회는 예배(요 4:24), 말씀(고전 14:26), 성찬(고전 11:22-26), 상호 격려(히 10:24) 등이 실행되는 중심 기관이므로, 지역 교회에의 소속과 참여를 무시하면 하나님과의 관계에서 또 성도들과의 관계에서 신앙적 퇴보와 약화를 피하기가 힘듭니다.

물론 개인이 겪는 내외적 요인 때문에 지역 교회에의 소속이나 참여가 곤란하든지 불가능한 경우는 예외로 해야 할 것입니다. 그리스도인 개인이 노화 때문에 거동이 불편하든지, 질병에 걸려 격리되든지, 신체·정신 상태가 불안정하든지 하는 것이 내적 요인의 예입니다. 외적 요인으로서는 신앙적 핍박의 환경에서 회심하든지, 그리스도인이 전혀 없는 이슬람 문화권에 텐트메이커로 파송받든지, 해외 출장·파견·업무 관계로 무교회 지역에 들어가는 경우를 들 수 있겠습니다. 그러나 그런 예외적 상황에 놓이지 않은 그리스도인들이라면, 누구나 지역 교회에 소속되어 공동체 생활에 참여하는 것이 하나님의 뜻이라고 하겠습니다.

교회 선택에 대한 개별적 하나님의 뜻

그렇다면 이제 어떤 그리스도인이 평생 처음으로 출석 교회를 택해야 한다든지 거주지의 변동에 따라 교회를 새로 정해야 한다든지 할 때, 어떤 교회를 선택하는 것이 자신을 향한 하나님의 뜻이라고 판정할 수 있을까요? 역시 결혼이나 직장의 경우와 마찬가지로, 개별적 하나님의 뜻을 분별하도록 돕는 다섯 가지 수단/방편을 활용해 살펴보겠습니다.

성경 구절을 통한 하나님 뜻의 분별

이 수단/방편은 결혼이나 직장의 경우와 마찬가지로 하나님의 개별적 뜻을 찾는 데 다른 방편들보다 특별나게 독특한 역할을 하지는 않습니다. 물론 성경에는 교회에 대한 언급, 묘사, 지침 등이 결혼이나 직장보다 더 많기 때문에 다른 주제들의 경우보다는 이 방편이 다소 요긴하게 활용될 수는 있습니다.

기도 중 확신을 통한 하나님 뜻의 분별

이 수단/방편 역시 앞에서 언급한 '성경의 구절' 항목과 비슷합니다. 그러나 교회를 선택하는 상황의 차이에 따라 이 수단의 기여도는 다르게 나타날 수 있습니다. 첫째, 어떤 교회를 선택해야 할지 그저 막연히 찾고 있는 경우에는 방금 말했듯이 '기도 중 확신'이라는 방편은 그리 독특한 역할이나 기여를 하지 못합니다.

그러나 둘째, 몇 교회를 후보 대상으로 정한 상황에서 어느 교회를 선택하는 것이 하나님의 뜻인지 알아보고자 할 때는 '기도 중 확신'의 방편이 좀 더 도드라진 역할을 할 수 있습니다. 4장에서 밝혔듯 기도 중 확신—기도할 때 우리의 심령에 강렬한 영적 인상이 각인되는 일—에는 ① 인지적 창안물, ② 정서/감정의 영향, ③ 사태에 대한 전망의 변화 등이 있습니다. 그중 '정서/감정의 영향'은 기도 중 확신을 형성하는 가장 흔한 사항입니다. 즉 몇몇 교회를 놓고 계속하여 지속적으로 기도할 때, 어떤 교회

에 대해서는 계속 불편함/부담감이 생기고 또 다른 교회
의 경우에는 기쁨과 즐거움이 점차 강해진다면, 후자의
교회가 하나님의 뜻일 가능성이 크다는 말입니다. 이처럼
특정 후보 대상이 정해진 상황에서는 '기도 중 확신'이 꽤
유효한 방편으로 작용할 수 있을 것입니다.

자기 평가를 통한 하나님 뜻의 분별

교회 선택에서 가장 중요한 역할을 하는 수단/방편은,
직장의 경우에도 그랬지만 '자기 평가'입니다. 자기 평가
는 자신의 욕구·능력·기질을 고려 대상으로 삼는 일인데,
중요성의 정도에 따라 정리해도 '욕구 → 능력 → 기질'의
순서로 배열이 됩니다.

욕구를 통한 하나님 뜻의 분별

욕구는 교회 선택에 관한 하나님의 뜻을 분별하는 데에
가장 중요한 고려 요인입니다. 물론 욕구는 앞에서도 강
조했듯이 타당한 욕구와 그렇지 않은 욕구로 대별됩니다.
타당하지 않은 욕구에 의해 교회를 선택하면, 이는 하나
님의 뜻에 맞는 선택 행위라고 할 수 없습니다. 예를 들어,
K라는 인물은 교회 직분을 일반 회사에서의 승진처럼 여

긴다고 합시다. 그는 A, B, C 교회 가운데 한 교회를 정해야 하는데, B 교회가 머지않아 직분자를 세울 공산이 크다는 판단하에 B 교회 출석을 결정했다고 합시다. 또, 어떤 소도시에 교세가 제법 큰 Y 교회가 있다고 합시다. 이 지역으로 이주한 M 씨는 이런 교회에 출석을 하면 관계망이 넓어져 자신의 요식 사업에 유리하리라는 타산적 추정을 했습니다. 그리하여 다른 교회를 제치고 Y 교회에 출석하기로 마음을 먹었다고 합시다. 이런 사례들은 분명코 타당하지 않은 욕구에 의한 교회 선택이므로, 하나님의 뜻이 이루어진 것으로 볼 수가 없습니다.

그러나 다행스럽게도 교회 선택과 연관된 우리의 욕구들은 대부분 타당한 것으로 여겨집니다. 예를 들자면, "신학적으로 건전한 교회에 나가고 싶습니다", "주일학교 시설이 잘되어 있는 교회를 찾는 중이에요", "예배 스타일이 너무 개방적이지 않으면 좋겠어요" 등과 같은 이유는 교회 선택에 관한 욕구가 무엇인지를 잘 보여 줍니다.

교회 선택에 대한 욕구는 해당 그리스도인이 누구냐에 따라 다양하게 나타납니다. 즉 선택자 개인이 어떤 신분/처지/조건의 그리스도인이냐에 따라, 또 선택의 주체가 몇 명이냐에 따라 교회 선택에 관한 욕구 조항들은 그 수효와 우선순위 면에서 크게 달라진다는 말입니다. 그리스도인이 고려해야 하는 신분/처지/조건은 다음과 같습니다.

- 자신의 나이.
- 혼인 여부.
- 자녀의 유무 및 수효, 그리고 나이.
- 신앙의 연륜과 성숙 정도: 좀 더 배우고 자라야 하는가? 남을 깨우치고 리더십을 발휘해야 하는가? 혹은 두 가지 모두 필요한가?
- 기혼자의 경우, 부부의 신앙 상태: 양쪽 다 신앙인인가? 한쪽만 신앙인인가? 한쪽만일 경우, 누가 신앙인인가?

교회 선택의 결정자가 개인이면 개인의 욕구만 감안하면 되지만, 부부인 경우 양쪽 모두의 욕구를 고려해야 하고, 만일 자녀가 있는 부부의 교회 선택이라면 자녀들의 바람까지도 포함해야 하기 때문에 훨씬 복잡해집니다. 교회 선택을 하는 이가 누구냐에 따라 새로이 선택할 교회에 대한 욕구 조항도 상당히 달라진다는 말입니다.

구체적인 상황을 설정해 이야기를 전개해 봅시다. S는 회사에서 새로이 지부장 직책을 맡으면서 신도시로 거주지를 옮기게 되었습니다. 과거 살던 곳과 신도시는 무려 2시간 거리이므로 교회조차 옮기지 않으면 안 될 처지에 놓였습니다. S는 아내와 함께 오랜 연륜의 신앙인으로 지내 왔고, 초등학교 5학년과 2학년(1남 1녀)을 자녀로 두고 있습니다. S는 목회자의 설교와 공동체 분위기를 교회 선택에서 중요한 요인으로 꼽습니다. 그러나 그의 아내는 봉사 기회와 예배 스타일에 치중하는 경향이 있습니다. 그런데 이들이 이주한 지역에 세 교회가 강력한 후보로 물망에 올랐다고 합시다. S는 아내와 더불어 다음과 같은 욕구 체크리스트를 작성해 보았습니다.[1] 각 항목에 매겨진 숫자는 만족의 정도입니다.

후보 교회 / 욕구의 항목	후보 교회 1	후보 교회 2	후보 교회 3
교리	1	1	1
봉사 기회	2	1	1
어린이 사역	2	1	3
설교	2	1	2
집과의 거리	1	3	2
예배 스타일	3	2	1
공동체 분위기	3	2	1

물론 이 비교표만으로 교회 선택을 마무리 지으라는 것은 아니지만, 욕구의 점검은 교회 선택에 관한 하나님의 뜻을 분별하는 데 상당히 중요한 요인이 됨을 일깨워 줍니다.

능력을 통한 하나님 뜻의 분별

자신의 능력과 은사도—결코 욕구만큼은 아니지만— 교회 선택에 관한 하나님의 뜻을 분별하는 데 한몫을 합니다. 만일 어떤 이가 교회 봉사를 교회 선택에서 중요한 요인으로 생각한다면, 자신의 능력/은사를 고려하는 것도 부분적으로 지침이 될 수 있습니다. 자신의 은사가 가장 효율적으로 활용되는 교회가 하나님의 뜻에 가장 가깝다고 판정할 수 있을 것이기 때문입니다.

기질을 통한 하나님 뜻의 분별

개인의 기질은 교회 선택에 관한 하나님의 뜻을 분별하는 데 별 독특한 기여를 하지 않습니다.

상담과 조언을 통한 하나님 뜻의 분별

상담과 조언을 통한 수단/방편은 두 가지 방면으로 유

익이 있습니다.

첫째, 후보 교회의 소속 교단이나 교파의 역사적·신학적 전통과 관련하여 목회자(혹은 신학자)의 자문을 필요로 하는 수가 있습니다. 교회의 신앙 전통이 문젯거리일 수도 있는데 모르는 경우도 있고, 반대로 전혀 문제가 되지 않는데 오해와 의아심을 갖는 경우도 있기 때문입니다. 이때 전문가로부터 받는 진단과 소견은 해당 교회에 관한 선택과 관련하여 올바른 결정을 내리도록 도움을 줍니다.

둘째, 선택을 고려하고 있는 교회의 신앙 선배로부터 그 교회의 목회적·사역적 실정을 소개받는 일도 자신에게 맞는 교회를 선택하는 데 유용한 참고 사항이 됩니다. 어떤 대학생이 해당 교회의 청년부가 수행해 온 제자훈련 프로그램에 관한 내용을 듣고서 그 교회 출석을 긍정적으로 검토한다든지, 아니면 특정 선교 단체의 입김이나 영향이 너무 강한 것을 인지하고서 출석을 재고한다든지 하는 것이 그 구체적 예입니다.

환경의 문을 통한 하나님 뜻의 분별

'환경의 문'은 교회 선택에 관한 하나님의 뜻 분별에 그다지 의미심장한 역할을 하지 않습니다. 물론 어떤 경우에는 환경의 문이 우리의 주목을 끌 수도 있을 것입니다. 예를 들어, 새로 이사한 아파트 단지 내에 평소 흠모하던 목회자가 목회 사역을 하고 있다든지, 교회를 막 옮기려던 찰나 자기 소유의 건물에 임대를 받은 개척 교회의 목회자가 과거 같은 교회 대학부 직속 선배로 함께 사역을 하면 어떻겠느냐고 제안을 해 왔다든지 하는 경우입니다. 이때 당사자는 환경의 문 한 가지 방편에 의해서만 하나님의 뜻을 분별하려 들지 말고, 다른 방편들—기도 중 확신, 자기 평가, 상담과 조언 등—의 지원을 받는 가운데 신중히 결정하도록 해야 할 것입니다.

교회 선택과 관련한 개별적 하나님의 뜻을 찾는 데는 뭐니 뭐니 해도 자기 평가의 수단/방편이 가장 중요합니다. 그중에서도 합당한 욕구를 통한 탐색이 하나님의 뜻에 근접할 수 있는 최선의 방도로 보입니다. 물론 부분적으로는 '기도 중 확신'과 '상담과 조언'도 다소 기여하는 바가 있을 것입니다. '성경의 구절'과 '환경의 문'은 교회 선택과 관련해서는 그 기여도가 가장 떨어지는 수단/방편이라고 하겠습니다.

지도 작성자의 심정으로

모든 안내서는 어떤 의미에서 지도와 같습니다. 이것은 신앙 서적에도 해당이 됩니다. 지도는 미지의 장소로 여행이나 트레킹을 할 때 필수적인 지참물입니다. 여행에 대한 윤곽과 개략을 잡거나 스케줄·경비·일정에 관한 시안을 잡는 데에 매우 유익하기 때문입니다. 지도 없이 여행에 임하면 매뉴얼 없이 최신 기기를 다룰 때처럼 곤란한 상황에 처하게 됩니다.

그러나 이러한 유익성에도 불구하고 지도는 태생적인 약점을 지니고 있습니다. 지도는 가 보지 않은 장소에 관한 여러 가지 정보를 제공하지만 그런 장소에 대한 실제 경험을 매개하지는 못합니다. 지도에 의거하여 찾은 목적지는 출발 전에 지녔던 인상이나 기대와 사뭇 다를 수 있습니다. 두 발로 밟은 땅이 예상과 전혀 달리 질척거릴 수도 있고, 최근에 일어난 산불 때문에 숲의 형세가 뒤바뀌었을 수도 있습니다. 오르막길의 가파르기가 훨씬 심할 수도 있고, 뜻하지 않게 뱀이나 삵을 만날 수도 있습니다.

'하나님의 뜻을 아는 길' 역시 비슷한 처지입니다. 저는 이 책에서 하나님의 뜻이 무엇인지, 어떤 종류가 있는지, 개별적 하나님의 뜻을 아는 방편에는 어떤 것들이 있는지, 결혼·직장·교회 선택과 관련하여 여러 방편들이 어떻게 작용하는지 등등에 대한 개념적이고 이론적인 설명에 힘을 쏟았습니다. 그러나 실제 우리 삶에서 다섯 가지 방편—성경의 구절, 기도 중 확신, 자기 평가, 상담과 조언, 환경의 문—을 인지하고 활용하는 일은, 이 책이 설명하는 것보다 훨씬 더 복잡하고 까다롭습니다. 하물며 결혼, 직장, 교회 선택과 관련한 하나님의 인도의 실제 과정은 어떻겠습니까?

이제 지도 작성자의 심정으로《하나님의 뜻을 아는 길》을 내놓습니다. 저자로서 독자분들께서 이 책을 통해 최대의 유익을 얻었으면 하고 바라지만, 실생활 속에서 하나님의 뜻을 찾고 하나님의 인도를 구하다 보면 책에서 이야기하지 못한 새로운 상황들과 맞닥뜨리곤 할 것입니다. 그것이 이 책자의 한계인 것을 어쩌겠습니까? 물론 이론적 설명과 실제 경험 사이의 간극이 너무 크다 싶으면, 과감히 이론을 수정하거나 보완해야 할 것입니다. 그것은 독자 여러분의 몫입니다.

하나님의 뜻을 아는 것과 관련한 유익과 한계를 함께 내다보며, 이 지도 작성자는 제작한 지도를 여러분의 손에 넘겨 드립니다.

1장 하나님의 뜻이란 무엇인가?

1. 폴 리틀(Paul E. Little, 1928-1975)은 하나님 뜻의 '두 양상'이라고만 이야기하고 이에 대해 명확한 명칭을 부여하지는 않는다[Paul E. Little, *Affirming the Will of God* (Downers Grove, Illinois: InterVarsity Press, 1971), pp. 5-6]. 존 스토트(John R. W. Stott, 1921-2011)는 하나님의 뜻을 보편적인 것(general will)과 특정적인 것(particular will)으로 구별한다[John R. W. Stott, *The Message of Ephesians: God's New Society* (Leicester, England: InterVarsity Press, 1979), p. 203].

2장 보편적/도덕적 하나님의 뜻

1. Ronald L. Eisenberg, *The 613 Mitzvot: A Contemporary Guide to the Commandments of Judaism* (Rockville, MD: Shreiber Publishing, 2015), p. xvii.

2. Thomas Aquinas, *Summa Theologica*, 2a, Question 99, Articles 2-4 [*St. Thomas Aquinas Summa Theologica*, Vol. Two, trans. Fathers of the English Dominican Province (Westminster, Maryland: Christian Classics, 1981), pp. 1032-1034].

3. John Calvin, *Institutes of the Christian Religion*, Book IV, Chap. 20, Sec. 15 [*Calvin: Institutes of the Christian Religion*, Vol. 2, ed. John T. McNeill, trans. Ford Lewis Battles (Philadelphia: The Westminster Press, 1960), pp. 1503-1504].

4. G. I. Williamson, *The Westminster Confession of Faith for Study Classes* (Philadelphia, Pa.: Presbyterian and Reformed Publishing Co., 1964), p. 142.

5. Ceslaus Spicq, *Agape in the New Testament*, Vol. 1: *Agape in the Synoptic Gospels*, trans. Marie Aquinas McNamara and Mary Honoria Richter (St. Louis: B. Herder Book Co., 1963), pp. 30-31.

3장 성경의 구절을 통한 하나님의 인도

1. 이는 Paul E. Little, *Affirming the Will of God* (Downers Grove, Illinois: InterVarsity Press, 1971), pp. 28-29에 나온 내용을 각색한 것이다.

2. 마틴·엘리자벳 골드스미스 지음, 이선봉 옮김, 《하나님의 인도와 나의 결정》(서울: 한국성서유니온선교회, 1994), pp. 53-54.

3. 제임스 패커 지음, 정옥배 옮김, 《하나님의 인도》(서울: 한국기독학생회출판부, 2006), pp. 14-15.

4. Paul E. Little, *Affirming the Will of God*, p. 29.

5. 케빈 드영 지음, 김수미 옮김, 《왜 우리는 하나님의 인도를 바르게 받아야 하는가》(서울: 부흥과개혁사, 2011), p. 111.

6. *The Confessions of St. Augustine*, trans. John K. Ryan (Garden City, New York: Image Books, 1960), p. 202.

7. Dietrich Bonhoeffer, *Meditating on the Word*, 2nd ed., trans. and ed. David McI. Gracie (Cambridge, Massachusetts: Cowley Publications, 2000), p. 87.

8. 마틴·엘리자벳 골드스미스 지음, 《하나님의 인도와 나의 결정》, pp. 65-66.

4장 기도 중 확신을 통한 하나님의 인도

1. C. S. 루이스 지음, 김선형 옮김, 《스크루테이프의 편지》(서울: 홍성사, 2000), p. 33.

5장 자기 평가를 통한 하나님의 인도

1. Gordon Rosemary Jones, *Naturally Gifted: A Self-Discovery Workbook* (Downers Grvoe, Illinois: InterVarsity Press), p. 53.

2. 팀 라헤이 지음, 홍종락 옮김, 《성령과 기질》(서울: 생명의말씀사, 1971), pp. 8-9.

3. 일반 저서로서 윤운성 외 지음, 《에니어그램: 이해와 적용》(서울: 학지사, 2003)이 있고, 기독교 영성과 통합시킨 작품으로서 크리스토퍼 휴어츠 지음, 이지혜 옮김, 《에니어그램과 영적 성장》(서울: 한국기독교학생회출판부, 2019)이 있다.

4. 예를 들어, 로이 오스왈드·오토 크뢰거 지음, 최광수·이성옥 옮김, 《MBTI로 보는 다양한 리더십》(서울: 죠이선교회출판부, 2002), pp. 10-11를 참조하라.

8장 다섯 가지 수단과 결정

1. F. B. Meyer, *The Secret of Guidance* (Chicago: Moody Press, n.d.), p. 16.(《주님의 오묘한 인도》 생명의말씀사)
2. G. 크리스챤 와이스 지음, 《하나님의 뜻을 아는 길》(서울: 생명의말씀사, 연도 미상), pp. 7-14.
3. Bruce K. Waltke, *Finding the Will of God: A Pagan Notion?* (Grand Rapids, Michigan: William B. Eerdmans Publishing Company, 2002), p. 59. (《하나님의 뜻 하나님의 인도》 생명의말씀사)
4. J. Grant Howard, Jr., *Knowing God's Will — and Doing It!* (Grand Rapids, Michigan: Zondervan Publishing House, 1976), p. 29.
5. 위의 책, p. 30.
6. M. Blaine Smith, *Knowing God's Will: Finding Guidance for Personal Decisions*, 2nd ed. (Downers Grove, Illinois: InterVarsity Press, 1991), pp. 74-125.
7. 위의 책, pp. 175-210.
8. 위의 책, pp. 118-119.
9. 위의 책, pp. 85-87, 103, 107-108, 114-115.

9장 비표준적 성격의 수단들

1. Henry Leopold Ellison, "Urim and Thummim," *The Zondervan Picotorial Encyclopedia of the Bible*, Vol. 5: Q-Z, ed. Merrill C. Tenney (Grand Rapids, Michigan: Zondervan Publishing House, 1976), p. 851.
2. Kristy Etheridge, "The Remarkable Story of How BGEA Was Founded," at https://billygraham.org/author/kristy-etheridge/

(September 11, 2020), pp. 2-3.

3. M. Blaine Smith, *Knowing God's Will: Finding Guidance for Personal Decisions*, 2nd ed. (Downers Grove, Illinois: InterVarity Press, 1991), p. 162.

4. Gulshan Fatima, *The Torn Veil* (Fort Washington, Pennsylvania: C.L.C. Books, 1989), pp. 59-63.

5. Joyce Hugget, *The Joy of Listening to God* (Downers Grove, Illinois: InterVarsity Press, 1986), pp. 98-99.

6. Tom Doyle with Greg Webster, *Dreams and Visions: Is Jesus Awakening the Muslim World?* (Nashville, Tennessee: Thomas Nelson, 2012), pp. 3-12.

7. Billy Graham, *Angels: God's Secret Agents* (Garden City, New York: Doubleday Company, Inc., 1975), p. 3. (《천사, 하나님의 비밀 특사》생명의말씀사)

10장 결혼과 하나님의 뜻

1. 물론 결혼을 원하지만 마땅한 배우자를 찾지 못해서 독신으로 머무르는 이도 있습니다. 서양의 그리스도인들은 이것도 독신으로 지내야 하는―마 19:12이 언급하지 않은―또 다른 요인으로 간주합니다.

2. John A. Bengel, *Bengel's New Testament Commentary*, Vol. 2: *Romans-Revelation*, trans. Charlton T. Lewis and Marvin R. Vincent (Grand Rapids, Michigan: Kregel Publications, 1981), p. 304; Robert Jamieson, A. R. Fausett, and David Brown, Vol. III, Pt. III: *1 Corinthians-Revelation* by A. R. Fausset (Grand Rapids, Michigan: William B. Eerdmans Publishing Company, 1993 reprint), p. 354; Murray J. Harris, "2 Corinthians," in *The Expositor's*

Bible Commentary, Vol. 10: *Romans-Galatians* (Grand Rapids, Michigan: Zondervan Publishing House, 1976), p. 359; Craig S. Keener, *The IVP Bible Background Commentary: New Testament* (Downers Grove, InterVarsity Press, 1993), p. 503.

3. Garry Friesen with J. Robin Maxson, *Decision Making and the Will of God*, rev. and updated ed. (Sisters, Oregon: Multnomah Publishers, 2004), p. 305.

11장 직장과 하나님의 뜻

1. Kirk E. Farnsworth Wendell H. Lawhead, *Life Planning: A Christian Approach to Careers*, rev. ed. (Downers Grove, Illinois: InterVarsity Press, 1981), p. 24.
2. 위의 책, pp. 26-27.
3. Gordon Rosemary Jones, *Naturally Gifted: A Self-Discovery Workbook* (Downers Grove, Illinois: InterVarsity Press, 1993), pp. 74-77.

12장 교회 선택과 하나님의 뜻

1. Gary Friesen, "Walking in Wisdom: The Wisdom View," in *How Then Should We Choose?: Three Views on God's Will and Decision Making*, ed. Douglas S. Huffman (Grand Rapids, MI: Kregel Publications, 2009), p. 158.

하나님의 뜻을 아는 길

송인규 지음

2022년 11월 23일 초판 발행

펴낸이 김도완   **펴낸곳** 비아토르
등록번호 제2021-000048호   **주소** 서울시 종로구 삼일대로 428, 500-26호
　　　　(2017년 2월 1일)   　　　(우편번호 03140)
전화 02-929-1732   **팩스** 02-928-4229
전자우편 viator@homoviator.co.kr

편집 이현주   **디자인** 즐거운생활
제작 제이오   **인쇄** (주)민언프린텍   **제본** 다온바인텍

ISBN 979-11-91851-56-4　03230   **저작권자** © 송인규, 2022